배낭 메고 떠나는 아프리카의 숨은 보석

나미비아
Namibia

배낭 메고 떠나는 아프리카의 숨은 보석

나미비아 Namibia

초판 1쇄   2016년 3월 25일

지은이   남 기 성
펴낸이   손 형 국
펴낸곳   (주)북랩
편집인   선일영   편집   김향인, 서대종, 권유선, 김예지
디자인   이현수, 신혜림, 윤미리내, 임혜수   제작   박기성, 황동현, 구성우
마케팅   김회란, 박진관, 김아름
출판등록 2004. 12. 1(제2012-000051호)
주소   서울시 금천구 가산디지털 1로 168, 우림라이온스밸리 B동 B113, 114호
홈페이지 www.book.co.kr
전화번호 (02)2026-5777   팩스   (02)2026-5747

ISBN   979-11-5585-964-3 03930(종이책)   979-11-5585-965-0 05930(전자책)

이 도서의 국립중앙도서관 출판예정도서목록(CIP)은 서지정보유통지원시스템 홈페이지(http://seoji.nl.go.kr)와
국가자료공동목록시스템(http://www.nl.go.kr/kolisnet)에서 이용하실 수 있습니다.
(CIP제어번호: CIP2016007806)

성공한 사람들은 예외없이 기개가 남다르다고 합니다.
어려움에도 꺾이지 않았던 당신의 의기를 책에 담아보지 않으시렵니까?
책으로 펴내고 싶은 원고를 메일(book@book.co.kr)로 보내주세요.
성공출판의 파트너 북랩이 함께하겠습니다.

배낭 메고 떠나는 아프리카의 숨은 보석

나미비아

Namibia

글·사진 남기성

'**꽃보다 청춘**'으로 각광받은 대체 불가능한 자연유산,
이제 배낭여행으로 떠나자!

북랩 **book** Lab

YOLO

You Only Live Once.
당신의 인생은 오직 한 번뿐이다.

배낭 하나 메고

혼자

떠나는 나미비아

多

多多益善

렌터카? 트럭 타고

여행하는 건 어때?

두려우니깐

떠나는 것이다.

두렵지 않으면

떠나지 않는다.

아프리카 여행이 걱정되고,

두려운 것은 당연하다.

그리고

,

나미비아는 비자^{VISA}를 받아야 해!

휴 직 서

성명	남기성
담당	부장님
휴직기간	올해 추석 연휴 포함해서 2주간
휴직사유	YOLO × 나미비아 × 아프리카
하고 싶은 말	부장님은 저의 멘토입니다. 사랑합니다.

위와 같이 휴직 하고자 하오니 허락하여 주시기 바랍니다.

2016년 9월 15일

신청자: 남 기 성 (인)

○○○ 회사

대표이사 ○○○ (인)

친구야, 유럽 배낭여행 말고
나미비아 × 아프리카로 배낭여행 가자.

YOLO.

삼시 세끼도 주고 캠핑도 하고 비행기까지
한 달에 300만 원이면 된대.
300만 원이면 유럽에서는 거지 여행이래….

일러두기

우리는 이 책을 위해서 많은 정보를 조사하고, 최대한 정확한 정보를 전달하고자 노력하였다. 환율은 **나미비아 달러 NAD $1=77원**으로 계산하였다. 지난 5년간 세계 금융위기 이후에 나미비아 달러는 1달러에 150원에서 77원으로 약 **절반 이상 추락**하였다. 여행자에게는 **완전 좋은 것**이다. 나미비아는 6~9월이 계절적으로 가장 좋으며, 비용도 **지난 5년간 최저**로 다녀올 수 있다.

서울–케이프타운(또는 빈트후크) 왕복 항공권을 130만 원 미만에 구입하고, 오버랜드 캠핑 트럭 여행 20박 21일을 16,750랜드에 예약하면(1랜드=77원) **약 128만 원**이다.

비자비용(3만 원)과 케이프타운의 게스트하우스에서 머무는 경우 빠듯하지만, 300만 원에 가능하다. **300만 원**에는 서울-케이프타운(또는 빈트후크)의 왕복 항공권 +20일간의 숙박(캠핑)+식사(삼시 세끼)+6일간의 케이프타운 체류 비용이 모두 포함된 것이다.

이 책에 표시된 많은 웹사이트, 비자, 출입국 관련 비용과 금액 등은 2016년 3월 21일을 기준으로 작성되었다. 하지만 이러한 자료들은 환율의 변동과 급격한 경제, 사회적 변화에 따라서 변할 수 있다는 점을 감안해주기 바란다.

Cape to Vic Falls.

이 여행은 세상에서 가장 아름다우며, 흥미롭고, 평생 기억에 남을 여행이다.

Instruct
일러두기

프롤로그

나미비아 여행이 인생의 터닝포인트가 되기를 바라며…

나미비아를 여행하며 만났던 전 세계의 사람들은 크게 세 부류로 나눌 수 있다.

첫 번째, 가장 큰 부류는 미국과 독일, 특히 유럽의 대학생들이다.
하버드대, 보스턴대, 쾰른대, 소르본대 등 세계 유수 대학에서 방학이나,
졸업 여행으로 선택하는 가장 인기 있는 코스가 **Cape to Vic falls!**

바로 케이프타운에서 **나미비아**를 거쳐 빅토리아 폭포까지의 여행이다.

두 번째 부류는 인생의 큰 전환점을 맞이하는 사람들이다.
이직을 하거나, 가족 관계의 변화, 또 사랑하는 사람과 관계를 정리하는 등
자신을 돌아보고 생각하는 사람들이다.

세 번째는 사진가들이다.
소수스블레이(Sossusvlei)와 데드블레이(Deadvlei)의
이미지가 머릿속에서 각인刻印된 상태에서 사진 촬영을 위해서 방문한다.

Namibia
×
YOLO

나미비아의 사막 풍경은 그 **실존적 고독감**으로

신기루처럼 사람들의 아픔을 자유롭게 만들고, 치유한다.

여행자들은 정해진 여행 루트(route)를 따라가지만,

나미비아에서 자신들만의 $\sqrt{\text{나}}$ (루트 나)를 발견하고는

여행의 마무리에서 눈시울은 붉어지고,

밝은 얼굴로 자기 자신을 보듬어준다.

나미비아의 풍경은

다른 행성에 와 있는 착각을 불러일으키기 때문에,

자신이 가진 고민이나 문제가 우주적인 관점에서 보면

결국 자신에게서
그리고 마음에서

비롯된 것임을 여행 기간 내내 확인할 수 있다.

대부분의 나미비아 여행은
가장 많이 하고, 일반적인
오버랜드 트럭킹(Overland Trucking, 큰 트럭을 개조해서 만든 여행 전용 버스)
프로그램을 통해서 진행될 것이다.

대학생들은 ~~'헬조선'~~과 ~~'수저론'~~으로
자멸과 자괴감에 매몰되기보다는,
더 큰 세상에서 유럽과 미국의 대학생들은
어떤 생각을 가지고 살아가는가를 접할 수 있는
좋은 기회가 될 것이다.

인생의 중요한 전환점에서 고민하는 사람들도
'혼자만의 고독한 여행'을 통해서 상처가 더 깊어지기보다는
'다른 생각을 가진 많은 사람들과 함께하는 여행'으로
우리가 말할 수 없고, 알 수 없는 그 무엇을 발견할 수 있을 것이다.

사진가들이 '죽기 전에는 꼭 가봐야 하는 곳 1위'로 꼽는
나미비아는 새로운 아이디어와 상상력이 더 커지면서,
프로 사진가로 데뷔할 수 있는 좋은 기회가 될 것이다.

• 본문 '헬조선'과 '수저론'에 표시된 취소선은 저자의 의도입니다.(이하 동일)

Prologue
서문

나미비아는 지난 20년간 내가 가본 곳 중에서 가장 아름다운 곳이고,
오버랜드 트럭 캠핑 여행은 친절하고 항상 웃는
여행 동반자들과 함께해 여행 자체가 너무 편하고 즐거웠다.

이 여행을 통해서 인생에서 우리가 소중하다고
생각하는 많은 것을 알게 될 것이다.

사막, 별, 바람, 하늘, 치타, 코끼리, 사자

그리고 아름답고 좋은 사람들.

여행의 마지막 날,
헤어짐이 아쉬워 펑펑 울고 서로를 안아준다면,
좋은 여행을 한 것이다.

Namibia
×
YOLO

나미비아 여행이

인생의 터닝포인트가

되기를 바라며…

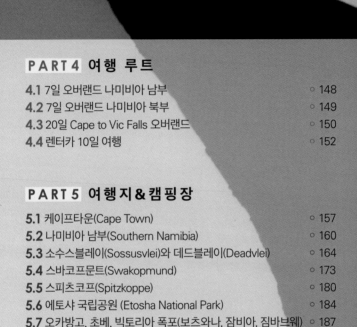

1

×××

나미비아는 어떤 나라 ?

나미비아는 어떤 나라?

1.1 나미비아 개요

면적 ▇▇▇ 남한 **8.26배**

인구 ▇▇▇ 200만 명. 우리나라에 체류 중인 외국인 또는 충청남도 인구 수와 같다.

날씨 ▇▇▇ 일년에 300일 맑음. 65일 오전 안개. **계절은 우리나라와 반대이다.**

여행시기 ▇▇▇ 사막이기 때문에 나미비아의 겨울에 해당하는 우리나라의 **6, 7, 8, 9월**이 낮 기온 18~25도로 가장 여행하기 좋은 계절이다. 하지만, 사막에서의 밤은 두툼한 점퍼(개인차에 따라서 오리털 파카까지도 필요할 수 있음)를 입어야 할 만큼 춥다. 영하는 아니지만 7~15도로 꽤 쌀쌀하다.

반대로, 여름인 12, 1, 2월은 낮 기온이 평균 35도, 최고 40도까지 오른다. 물론 밤에는 15도 정도로 딱 좋은 온도지만. 9월 중순부터 4월 중순까지 피시 리버 캐니언(Fish River Canyon) 같은 곳은 45~50도까지 육박하기 때문에 여행 자체가 금지되어 있다.

오버랜드 여행은 함께하기에 든든하다.

언어 ▨▨▨ 모두 11개의 다양한 언어가 있지만, 오시왐보(Oshiwambo)를 인구의 절반인 약 100만 명이 사용한다. 대부분의 여행지와 도시 지역에서 근무하는 사람들은 거의 완벽하게 **영어를 구사**한다.

치안 ▨▨▨ TV에서 보듯이, 나미비아는 교육수준이 높으며 아프리카 전체에서 가장 안전하고 치안이 좋다고 생각하면 된다. 로마나 프라하보다 낫다. **여자 혼자서 캠핑카를 렌트**해서 돌아다녀도 크게 이상할 것은 없다. 물론, 밤에 돌아다니는 것은 자제하는 것이 좋고, 캠핑장은 저녁 10시 이후로는 돌아다니지 않는 것이 **매너**이다. 해외에서의 8시는 우리나라의 밤 11시와 같다. 6시에 문 닫는 것은 우리나라에서 저녁 8시에 닫는 것과 비슷하다. **캠핑장에서 10시에 돌아다니는 것은 새벽 1, 2시에 돌아다니는 것과 같다.**

위급 시 ▨▨▨ 주변에 있는 사람에게 말한다.

Please call the police, I lost my passport and wallet.

시차 ▨▨▨ 남아프리카공화국과 나미비아는 −7시간, 서머타임은 −8시간.

영사관 ▨▨▨ 나미비아는 영사관이나 대사관이 없고, 앙골라에서 관리한다.

• 앙골라 대사관: +(244)222−006−067

• 영사핫라인: +(244)945−607−009

• 영사콜센터(24시간 연중무휴): +(822)−3210−0404

예방접종 ▨▨▨ 남아공과 나미비아만 방문하면 **예방접종은 필요하지 않다.** 잠비아는 황열병(Yellow Fever) 예방접종이 필요하고, 보츠와나, 잠비아, 짐바브웨 등을 방문하면 말라리아약을 처방받아 가는 것이 필요하다. 오카방고 델타 지역을 방문하는 경우에는 말라리아약을 먹기도 하고, 안 먹는 사람도 있었다. 말라리아약은 간에 약간 무리를 준다고 알려졌으나, 확실치는 않다. 하지만 말라리아에 걸리면 치명적이다. 십여 년 전에 한국의 다큐멘터리 팀원 중 한 분이 세렝게티에서 말라리아로 돌아가셨다. 나미비아 이외의 지역으로 여행을 하면, 황열병과 파상풍 주사를 맞고,

말라리아약을 처방받아서 가지고 간다.

- 국립의료원 예약 및 문의: (02) 2262-4833

1.2 대한민국 국민은 나미비아 비자를 받아야 한다.

미국, 일본, 유럽, 그리고 대부분의 아프리카 시민은 90일 이내의 여행이 목적이면 무비자인데, 안타깝게도 대한민국은 비자를 받아야 한다. 남아공과 보츠와나는 무비자인데, 잠비아, 짐바브웨, 나미비아는 비자를 받아야 한다.

남아공 30일 **무비자** 여행이 가능하지만, 만18세 이하 미성년자는 출생신고서(가족관계증명서 영문 지참)

보츠와나 90일 **무비자**

잠비아 **국경**에서 받을 수 있다. 신청서 작성 후 비자 수수료

일일 방문(Day Tripper, 빅토리아 폭포에서 잠비아, 보츠와나 국경을 넘는 여행객들이 주로 사용) 미국 달러 20불

단수 방문(Single Entry) 미국 달러 50불을 이민국 직원에게 납부한다.

짐바브웨 **국경**이나 한국의 영사관(www.zimbabwe.or.kr)에서 받을 수 있다.

나미비아 **비자를 받는 방법**은 3가지가 있다.

첫 번째는 www.namibia.org.za/consular.htm 에서

비자 신청서(Visa Application)를 출력해서 작성한 후 **비자 신청서, 여권, 여행**

목적과 일정표, 여권 사진 2장, 항공권 사본, 비자 신청료 390 나미비안 달러(약 3만 원)를 지정 계좌로 송금한 후에 영수증을 첨부해서 우편으로 접수하고, 우편으로 받아볼 수 있다. 약 1~2달 가량 소요되며, 우편으로 접수 전에 전화로 문의해야 한다.

송금 계좌

- Bank Name: First National Bank
- Account Name: Namibia High Commission – Home Affairs
- Account No: 62130417969
- Branch Code: 251 345
- Branch Name: Brooklyn
- SWIFT Code: firnzajj

우편물 보내는 곳

- P.O Box 29806, SUNNYSIDE, 0132, Namibia

비자 관련 연락처

- 전화: +(264)12-481-9118
- 팩스: +(264)12-344-5998/343-7294
- 이메일: secretary@namibia.org.za
- 비자 접수 시간: 08:30~12:45

두 번째는 **비자 대행사** 또는 **여행사**를 통해서 접수하고 비자를 받는 것이다. 약 18만 원가량 지불해야 하지만, 우편 접수를 통한 여권 분실 등을 방지할 수 있다. 기간은 약 1~2주 정도 걸린다. 인터넷 검색하여 '나미비아 비자'로 여행사에 문의해 보자. 레드 아프리카 www.redafrica.co.kr

세 번째가 가장 일반적인데 **트럭킹을 예약**했다면, 케이프타운(또는 요하네스버그)에 있는 **해당 트럭킹 여행사에서 약간의 수수료를 받고, 비자를 대행해준다.** (약 3~5만 원) 인접국이기 때문에, 급행료(약 3만 원) 추가 지불을 하면 **단 하루 만에도 비자가 발급된다.**

케이프타운에 있는 나미비아 영사관에서 직접 비자를 신청해도 된다. 비자 신청시 아프리카라고 얕보거나, 인종차별적인 행동이나 언어는 비자 거절의 사유가 된다. 비자는 기본적으로 이민국 직원이 심사를 해서 발급하는 것이다. 서류가 미비하거나, 방문 의도가 의심스러우면 비자 발급을 거절할 수 있는 **권한**이 모두 **이민국 직원**에게 있다.

케이프타운에 위치한 나미비아 영사관

- 25th Floor, Atterbury House
- 9 Riebeeck Street
- Cape Town 8000, South Africa
- 전화: +27 (0)21 419 2810
- 팩스: +27 (0)21 418 1472
- After hours(emergency only): +27 (0)76 673 4298
- e-mail: info@namibiaconsulate.co.za

tvN 예능 프로그램 '꽃보다 청춘 아프리카'처럼 인천공항에서 나미비아 빈트후크(Windhoek) 공항으로 바로 가는 경우는 반드시 **미리 비자**를 받아야 하고, 오버랜드를 이용한 남아공의 케이프타운 출발은 **케이프타운**에 약 3~4일 전에 도착해서 비자를 받으면 된다.

오버랜드의 경우 **복수비자(Multiple Entry)**가 필요할 수 있으므로, 비자 신청 시에 복수비자를 확인하자. 잠비아, 짐바브웨, 보츠와나 국경을 잠깐 통과해야 하는 경우도 종종 있다.

항상 날짜를 염두해두어야 한다. 수요일 저녁에 도착해서 목요일에 비자를 접수하고 목/금/월. 즉, 월요일에 비자가 나온다 오버랜드 트럭킹 투어는 대부분 오전 8시에 출발하기 때문에 화요일 오전에야 출발이 가능하다는 점을 유의해야 한다. 물론, 급행료를 지불하면 금요일에 비자를 받을 수 있다. 하지만 금요일 오전 출발은 어렵다는 계산을 명심해야 한다.

금요일 오전에 출발 하려면,
화요일 도착해서
수요일 급행 비자 접수하고
목요일 비자를 찾아서
금요일 오전에 출발 하는 것이다.

케이프타운은 나미비아만큼은 아니지만. 유럽의 그 어느 도시보다도 볼거리가 풍부하다. **케이프타운에서 일주일**을 묵더라도 결코 손해보는 도시는 아니니까 매일 한 가지씩 데이 트립(Day Trip)을 하면서 아프리카 여행을 즐기자.

지도에 표시된 나라들이
<u>우리가 여행할 수 있는 아프리카의 나라</u>들이다.

PART 1
나미비아는 어떤 나라?

1.3 용어정리

오버랜드(Overland): 큰 트럭을 개조해서 만든 여행 전용 버스 트럭이다.
트럭킹(Trucking)이라고도 하며, **오버랜드 트럭킹**이라고도 한다.

아침에 일어나자마자 책을 읽으면서 휴식을 취하는 독일 대학생들.

Namibia
×
YOLO

× × × **44**

사진처럼 트럭을 개조한 버스를 타고, 텐트(또는 로지(발음은 '롯지'에 가깝게 한다))에서 숙박을 해결한다. 로지(Lodge, 우리나라의 대형 펜션을 생각하면 된다) 가격은 캠핑(텐트에서 자는 것)에 비해서 약 1.5~2배 정도 비싸다.

대부분의 식사와 텐트(또는 로지) 제공이 여행 가격에 포함되어 있다.

오버랜드 트럭킹 회사 노마드의 오버랜드 트럭

개인적으로 사용해야 하는 것은 각종 입장료, 옵션 투어, 그리고 매일 슈퍼마켓에서 개인적으로 구입하는 **생수, 맥주,** 기념품, **과자나 초콜릿,** 생필품 등.

T.I.A, This is Africa

잘 이해할 수 없고 납득할 수 없는 상황. 예를 들면, '꽃보다 청춘 아프리카'에서 **'원레이디'**가 자동차 렌트비보다 비싼 보험료를 요구하는 것과 같은 상황.

조버그, 요하네스버그(Johannesburg)

아프리카에서 가장 중요한 항공거점이고 가장 큰 도시이다. 남아공의 행정수도는 프리토리아, 사법수도는 블룸폰테인, 입법수도는 케이프타운이다.

빈트흐크, 빈트후크(Windhoek)

나미비아의 수도. 여행지는 아니지만, 공항과 렌터카 등 출발과 도착을 하는 도시이다.

빅폴스, 빅토리아 폭포

잠비아와 짐바브웨의 국경에 있는 세계에서 가장 긴 폭포. 많은 오버랜드 트럭킹 여행이 이곳에서 끝이 나고, 다시 시작된다.

이름 표기

일관성 있는 이름 표기를 하지 못했을 경우. Kim, Chul Soo, Chul Soo Kim, Chulsoo Kim 이렇게 3가지는 모든 같은 사람으로 인식하기에 걱정하지 않아도 된다. 그러나 Kim Chul Soo는 다른 사람으로 인식할 수 있다. 생년월일은 보통 일/월/년 순으로 적는데, 1981년 8월 1일생은 1 Aug 81 이렇게 외워두고 사용하면 좋다. 생년월일, 이름, 여권번호는 **모두 일치**해야만 한다. 항공권 발권, 비자 신청 등 **공식적인 업무**에서는 각별히 주의하도록 하자. 호텔 예약이나 다른 비공식적인 것들은 Kim Chul Soo도 괜찮다.

하쿠나 마타타, It will be OK,
TIA가 약간의 포기를 뜻하며 순응하는 것을 의미하는 것과는 다르게, 하쿠나 마타타는 **긍정적으로 잘될 것**이라는 의미를 담고 있다.

YOLO, You Only Live Once
당신의 인생은 오직 한 번뿐이다.

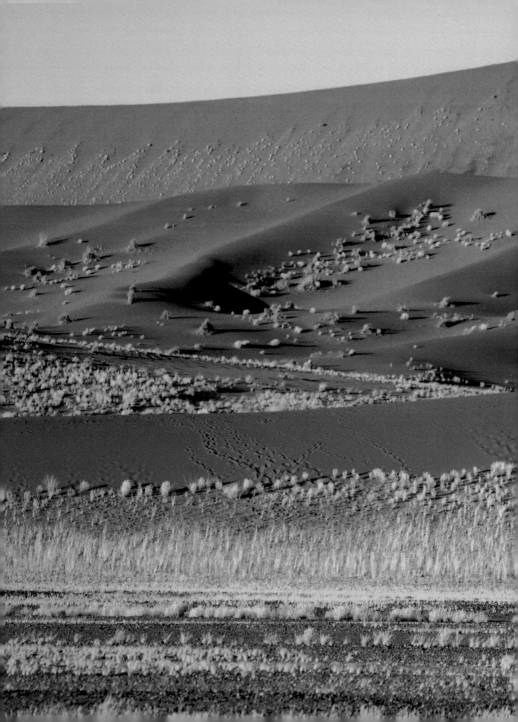

2

× × ×

나미비아 여행 계획

나미비아 여행 계획

2.1 항공권 구입

나미비아의 관문은 **빈트후크**이기도 하지만. **오버랜드는 대부분 케이프타운**에서 출발한다. 나미비아 여행을 준비하면 무엇보다도 공항 코드에 익숙해져야 한다. 충분한 시간을 갖고 여유 있게 출발과 귀국 계획을 짜야 한다. 인천공항 출발은 **ICN.** 이 코드는 웬만하면 외워버리자. InCheoN….

주요 도착 및 귀국편 출발
- **WDH**–빈트후크(호세아 쿠타코(Hosea Kutako) 국제공항. 나미비아)
- **JNB**–요하네스버그(남아공 연결 항공편이 많음)
- **CPT**–케이프타운(오버랜드 트럭킹의 시작)
- **VFA**–빅토리아 폭포(보츠와나)

주요 경유 지점

- **HKG**–홍콩(남아공 항공사가 취항하여 가장 많이 이용하는 공항이다)
- SIN–싱가폴(싱가폴 항공사가 요하네스버그까지 연결한다)
- DXB–두바이(아랍에미레이트 항공사가 가끔씩 저렴한 가격을 제공하기도 한다)

나미비아 빈트후크와 남아공 케이프타운 모두 비행시간만 최소 20시간 이상이고, 공항에 가는 시간, 이민국과 세관 통과, 도착 후 숙소로 가고, 공항에서 대기하는 시간을 모두 합치면, 가는 데 30~40시간, 오는 데 30~40시간의 장거리 여행이다. 최소 환승은 1회로, 서울–두바이–케이프타운이 있고, 일반적으로는 2회의 환승을 하게 된다.

서울(ICN) ▶ 홍콩(HKG) ▶ 요하네스버그(JNB) ▶ 목적지(빈트후크 (WDH), 케이프타운(CPT))

홍콩 환승, 요하네스버그 환승, 총 2회 환승한다.

가장 저렴하고 일반적인 항공편으로는
서울(ICN) ▶ 홍콩(HKG) ▶ 요하네스버그(JNB) ▶ 빈트후크(케이프 타운) 입국(In), 빅토리아 폭포(VFA 또는 케이프타운(CPT), 빈트후크 (WDH)) ▶ 요하네스버그(JNB) ▶ 홍콩(HKG) ▶ 서울(Out)

일정이 있는데, 항상 아슬아슬한 것이 서울에서 출발한 후에 **홍콩**에서의 환승 시간이 1시간 30분으로 **너무 짧다**는 것이다.

조금이라도 연착되면 모든 여행 일정이 어긋나게 된다. 물론 홍콩공항에서 피켓을 들고 같이 뛰어주는 남아프리카 항공사(SA–South African Airways) **직원이 있어 서 든든**하기는 하다.

조금이라도 늦게 출발한 것 같으면, 홍콩 도착 한 시간 전에 승무원에게 항공권을 보여주어서, 랜딩 직전에 앞 좌석(또는 비지니스)으로 옮겨달라고 요청해야 한다. 이 비행기는 요하네스버그행 탑승자들이 다수 있다.

그리고 내림과 동시에 피켓을 든 SA 직원과 함께 뛰어서 홍콩–요하네스버그 구간 에 탑승해야만 한다.

만약, 이렇게 뛰어서 탑승했는데 케이프타운이나 빈트후크공항에서 화물이 도착하 지 못한 경우는 어떻게 하는가? 일단 SA항공사 카운터에 컴플레인하고 묵고 있는 호텔이나 게스트하우스 주소를 알려주면 다음 날 직접 배달해준다.

환승이 많거나, 시간이 촉박한 여행의 경우는 인천공항에서 출발할 때 중요한 물품 은 자신이 소지하는 것이 좋다.

항공권 구입 방법

이제 빈트후크나 케이프타운으로 결정이 되었으면,

익스피디아(www.expedia.com) 또는 '네이버 항공권', '하나투어 항공권'에서도 검 색과 예약, 결제가 모두 가능하다. 세 개의 사이트를 모두 비교해서 가장 저렴한 항 공권을 구입하면 된다. 나미비아까지는 대부분 2~3번 경유를 하기 때문에, 익스피 디아에서 항공권 검색을 해보는 것도 많은 도움이 된다. 그리고 빈트후크(WDH)에 서 요하네스버그(JNB)와 같은 한국 이외의 지역에서 출발하는 항공권은 대부분 ' 익스피디아'에서 가능하다. 가령, 케이프타운(CPT) 도착, 빅토리아 폭포(VFA) 출발 의 경우는 ICN–CPT 왕복을 구입하고, VFA–JNB 편도를 구입하여, CPT–JNB 구간 티켓은 포기하고, VFA-JNB로 도착 후에 JNB-HKG-ICN으로 오는 경우가 더 저렴하기도 하다.

네이버 항공권과 하나투어 항공권을 구입하는 과정은 따로 설명할 필요가 없을 만큼 간단하다. 도착 도시에 WDH, CPT와 같은 코드만 입력하면 된다.

네이버에서도 ICN-CPT 구간을 7월 20일 출발, WDH-ICN 구간을 8월 20일 도착, 성인 1명으로 검색하였다.

항공권은 날짜와 요일에 따라서 다르게 적용되기 때문에, 여행 기간이 충분한 경우에는 평일과 주말 검색 등 다양하게 검색을 시도하면 좀 더 저렴한 항공권을 구입할 수 있다.

모두 같은 조건에서 기간만 한 달씩 앞으로 변경한 결과, 항공권이 약 20만 원 정도 저렴해졌다. 홍콩에서의 환승 시간이 7시간 25분으로 비행기 연착 등의 상황에 충분히 대처할 수 있을 정도로 여유로운 일정이다

• 네이버 항공권 flights.search.naver.com

• 하나투어 항공권 www.hanatour.com

그리고, 다음에 설명하는 익스피디아 미국 사이트 www.expedia.com 이렇게 세 군데만 검색해도 충분하다.

너무 자주 접속하면, 홈페이지 서버에 있는 인공지능(AI)이 접속기록과 검색기록 쿠키를 통해서 구매 예정자로 인식하고 가격을 조금씩 올리기도 한다. 쿠키를 삭제하거나 다른 컴퓨터를 이용하는 방법이 있다.

익스피디아 한국어 사이트로 자동 연결이 되면, 구글(www.google.com)에서 **'expedia us site'를 검색**해서 들어가야 한다. **익스피디아의 경우**는 **미국 사이트에서만 검색**과 구입이 가능하다.

그러고 나면, 검색 결과가 나타난다.

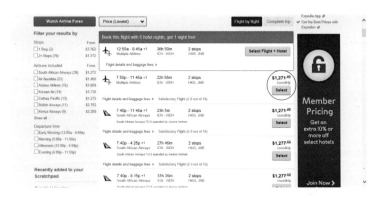

가장 저렴한 순서로 배열하니, 첫 번째로 나오는 결과의 노선은 서울(ICN)-암스테르담(AMS)-요하네스버그(JNB)-빈트후크(WDH), 비행시간과 환승시간이 무려 38시간이다. **SA항공의 1,271달러** 항공권을 선택하면, 출발편이 선택되고, 귀국편에 대한 선택을 또 해야 한다.

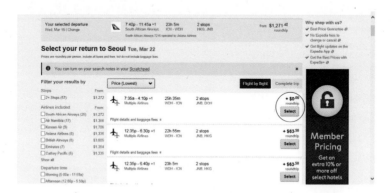

중간에 다음과 같은 호텔 예약은 No, Thanks로 건너뛴다.

최종 결과는 다음과 같이 나왔다.

1,410달러(2016년 3월 3일 환율로 계산하면, 약 171만 원이다) 이것은 단순한 예시일 뿐이고, 항공료는 출발과 도착 날짜와 환승 횟수와 연결편 등 복잡하게 계산되어서, 매번 다르게 나타난다.

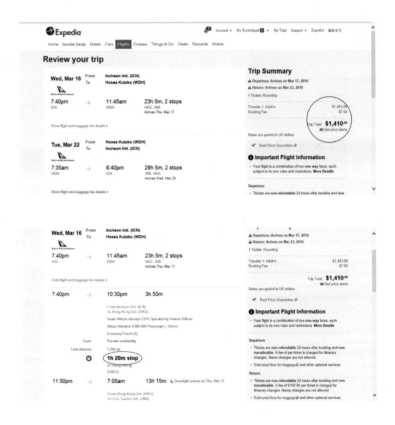

좀 더 구체적인 스케줄을 보면, 서울 출발 AM 7:40, 홍콩 도착 PM 10:30, 홍콩 출발 PM 11:50(1시간 20분의 환승 시간, 이것이 가장 아슬아슬하다) 이렇게 총 비행 및 환승 시간 23시간 5분의 여정에 대해서 자세히 보여준다.

목적지와 출발지가 다른 멀티플 여행의 경우
빈트후크 IN, 빅토리아 폭포 OUT

목적지와 출발지가 다른 멀티플 데스티네이션의 경우는 항공 스케줄이 워낙 복잡하기 때문에 쉽게 검색 결과가 나오지 않는 경우도 많다. 이 경우에는 해당 항공사의 홈페이지에서 예약을 하거나 [빅토리아 폭포-요하네스버그]의 항공권을 따로 구입해야 한다.

ICN-HKG-JNB-WDH
빈트후크로 입국하여, 빅토리아 폭포에서 나올 경우에는 VFA-JNB를 구입하고, JNB-HKG-ICN의 노선에 탑승하여야 하고, 이 경우 이민국을 통해서 다시 나갔다가 들어오고, 짐도 찾았다가 다시 붙여야 하는 경우가 생길 수도 있다. 한국인이 빅토리아 폭포에서 요하네스버그로 탑승하는 경우는 일 년에 몇 번 되지 않을 것이다. 각 국가의 출입국과 항공사의 정책 등은 수시로 바뀌고 다르게 적용될 수 있기 때문에, 복잡한 여행 루트 등에 관한 구체적인 사항은 해당 항공사와 이민국에 문의해야 한다.

- **남아프리카공화국 항공 www.flysaa.com**
- **캐세이퍼시픽 항공 www.cathaypacific.com**
- 남아프리카공화국 대사관 southafrica-embassy.or.kr
- 나미비아 고등위원회 www.namibia.org.za

목적지와 출발지가 달라도 상관없다.
그런 세세한 사항들은 안 중요하다.

중요한 건 본인의 의지이다.

얼룩말에게 중요했던 것은 삶을 향한 강한 의지였다.
강한 것이 살아남는 게 아니라, 살아남는 것이 강한 것이다.

아딕(Adic, 세렝게티에서 나와 함께 한 달간 촬영하였던 운전수)가 말했다.
저 상처를 보면 사자도 온전하지 못했을 것이라고
사자의 갈비뼈가 부러졌다면 하이에나의 먹이가 되었을 것이라고.

사자들도 항상 목숨을 걸고 사냥한다.

다리가 부러진 임팔라가 불쌍하다고 도와주면 표범의 개체 수는 더욱 빠르게 줄 것이다. 아프리카는 인간의 땅이 아니라 신의 땅이다.

항공권 구입 시 주의사항

서울 인천공항에서 아프리카로 가는 항공권의 가격이 100~150만 원인 것은 취소, 환불, 이름 변경, 여정 변경 등을 할 때 **아예 안 되거나,** 변경할 때마다 **30~50만 원씩 부과되는 항공권**일 가능성이 크다. 결제하기 전에 **Cancellation Policy(취소 조건)**을 찾아서 꼭 취소 시 부과되는 금액에 대해서 알고 있어야 한다. 그리고 이름과 날짜 등을 다시 한 번 확인해야 한다.

2.2 렌터카 또는 오버랜드?

항공권과 더불어 결정해야 할 문제는 바로 직접 **렌터카**를 할 것인가? 아니면, **오버랜드 트럭킹**을 할 것인가?

이 결정을 하면, 다른 문제들은 자연스럽게 따라오게 되는 것이다. 각각의 장단점이 뚜렷하기 때문에, 어느 것이 좋다고 말할 수는 없을 것이다. '꽃보다 청춘' PD도 오버랜드 트럭킹으로 촬영을 하고 싶었을 것이다. 하지만 함께하는 다른 여행자들의 허락도 구해야 하고, 오버랜드는 스케줄이 탄탄하게 짜여 있어서, 배낭여행과는 약간 다른 느낌을 준다고 판단해서 렌터카로 정했을 것이라 짐작해 본다.

앞에서도 보았지만, 나미비아나 남아공은 가고 오는 데만 이틀씩, 왕복 4일은 공항과 비행기에서만 보내야 하는 만큼 여행 기간에 따라서 결정하면 될 듯하다.

여행 기간이 **15일 미만이면 나미비아 빈트후크**에서 렌터카 또는 오버랜드로, **15일 이상이면 케이프타운**에서 출발하는 것으로!

내가 제시하고 싶은 일정은 다음과 같다.

☆ 10일 미만	유럽 프라하나 호주, 미국 캘리포니아로 가는 것이 낫다.	
☆ 11~12일	ICN-WDH, 와일드 도그 사파리, WDH-ICN	
☆ 2주 정도	나미비아 빈트후크 인/ 아웃, 여행사를 통한 비자, 렌터카 또는 오버랜드	
☆ 3주 정도	케이프타운 인/ 빅토리아 폭포 아웃, 현지에서 비자, 오버랜드	
☆ 4주 이상	케이프타운 인/ 크루거 아웃, 현지에서 비자, 오버랜드	
☆ 6주 이상	케이프타운 인/ 나이로비 아웃, 현지에서 비자, 오버랜드	

10일 미만
유럽 프라하나 호주, 미국 캘리포니아로 가는 것이 낫다.

오고 가는 데만 최소 4일이 소요된다. 나미비아를 고집하기보다는 **직항**편으로 다른 곳을 방문하는 것이 체력, 비용, 항공시간 등을 감안할 때, 더 나은 선택이 될 것이다. 정말 너무도 나미비아를 가고 싶다면, 빈트후크에서 렌터카를 빌려서 나미브 사막만 보고 오는 것도 방법일 것이다. 물론 **비자는 미리** 받아두어야 한다. 또는 **케이프타운**만 보고 오는 것이다. (아랍 에미레이트 항공으로 두바이를 경유하면 1회 경유가 가능하며, 남아공의 케이프타운은 18세 이상이면 비자가 30일 면제다.) 케이프타운은 나미비아만큼은 아니지만, 아프리카의 느낌을 그대로 전달받을 수 있는 1~5일 정도의 **투어 프로그램**이 많이 있다.

아프리칸 이글(African Eagle, www.daytours.co.za)을 비롯한 많은 여행사들이 있고, 와이너리(Winery) 방문, 게임 드라이브, 가든루트, 테이블마운틴, 케이프 반도 여행 등 다양한 프로그램이 있다.

케이프타운과 남아공 전역은 렌터카와 도로 사정 모두 좋다.

Namibia
×
YOLO

이들은 난민인가? 여행자들인가? 여행이 길어지면 그 구분이 모호해진다.

4WD는 빈트후크보다는 케이프타운에서 텐트가 달린 **4WD**를 더 쉽게 빌릴 수 있다. 남아공과 나미비아를 여행하는 가장 멋진 방법이기에 우리가 생각하는 만큼 **저렴하지 않으며**, 상당기간을 두고 **예약을 해야 한다. 취소 시 페널티도 있다.**

구글 영어 사이트에서 'cape town overland rentcar or rentals'를 검색하면 된다.

www.4x4hire.co.za

11~12일
ICN–WDH, 와일드 도그 사파리, WDH–ICN

딱 11일짜리 프로그램을 만들 수 있다. 매주 수요일에 한국에서 출발해서 나미비아를 6박 7일간 여행하고, 그 다음 주 토요일에 한국에 도착해서, 일요일 쉬고, 월요일부터 정상으로 돌아가는 프로그램.

ICN-HKG-JNB-WDH로 입국 · 출국하고, 나미비아 비자는 조금 비용이 들더라도 대행사를 통해서 미리 받아둔다. **렌터카는 6박 7일간.** 짧은 기간이라서 권장하지는 않겠지만, 렌터카 여행이 불가능한 것은 아니다.

렌터카와 와일드 도그에 대한 **자세한 내용은 이 책 뒤편에서 다루고 있다.**

일몰을 바라보는 4WD 여행자들

2주 정도
나미비아 빈트후크 인/아웃,
여행사를 통한 비자, 렌터카 또는 오버랜드

2주(14일) 정도의 여행이라면, 나미비아의 빈트후크로 입국과 출국을 하고, 과감하게 빅토리아 폭포를 가지 않는 것이다.

빅토리아 폭포까지는 거리도 멀고, 국경도 2번 넘어야 한다. 가는 길인 카프리비 스트립(Caprivi Strip, 나미비아 지도에서 북동쪽으로 길게 뻗은 지역, 엄지손가락에 해당하는 부분)은 분리독립으로 불안정한 지역이다.

여행자들에게는 큰 위험은 없지만, 룬두(Rundu) 지역부터 전체적인 풍경들이 나미비아보다는 앙골라나 짐바브웨처럼 조금은 어수선한 모습이 자주 목격된다.

Namibia
YOLO

따라서 빈트후크에서 시계방향으로 큰 원형을 그리면서 여행하는 것이 시간과 여러 가지 상황을 고려한 최선의 여행 루트라고 생각된다.

와일드 도그 사파리와 마찬가지로 **ICN–HKG–JNB–WDH**로 입국 · 출국하고, 나미비아 비자는 대행사를 통해서 미리 받아둔다.

비자를 직접 신청하지 못하는 것에 대한 아쉬움이 큰 사람은
그 에너지를 기타나 젬베 등 악기를 배우는 데 집중해서
여행지의 모닥불이 피어오르는 매일 밤 스타가 되어보는 것이 좋을 듯하다.

그리고 **빈트후크**에서 **렌터카**를 빌리거나
7일~10일 정도의 <u>**오버랜드 트럭킹**</u> 프로그램에 참여하는 것이다.

나미비아 여행 계획

SWA 사파리의 9일짜리 프로그램

우리가 가고 싶어 하는 **소수스블레이, 데드블레이, 스바코프문트, 에토샤 국립공원**을 모두 돌아보는 코스이다.

빈트후크(Windhoek) ▶ 소수스블레이(Sossusvlei) ▶ 월비스 베이(Walvis Bay) ▶ 스바코프문트(Swakopmund) ▶ 트위펠폰테인(Twyfelfontein) ▶ 에토샤 국립공원 (Etosha National Park) ▶ 빈트후크(Windhoek)

www.swasafaris.com

렌터카로 이 코스를 똑같이 여행하는 것도 가능하다.
물론 여행 기간은 **두 배**(double, two times)로 잡아야 한다.

3주 정도
케이프타운 인/빅토리아 폭포 아웃, 현지에서 비자, 오버랜드

최소 3주 정도의 기간을 가지고
나미비아를 여행하는 것은 **오버랜드**를 권하고 싶다.

이렇게 전 세계 각지에서 모인 사람들과
함께 트럭을 타고, 텐트를 치며,
밤마다 모닥불을 피우고 맥주를 마시는 여행은
나미비아, 호주, 캘리포니아 이외에는 찾아보기 어렵다.

그중 최고의 여행코스가 바로
케이프 투 빅폴스(Cape to Vic Falls 또는 크루거 국립공원(Kruger NP))이다.
케이프타운에서 출발하여 세더버그(Cederberg) 산맥을 통과하고,
나미비아와 국경지역인 오렌지 리버(Orange/Gariep river)에서
캠핑을 하면서 자신을 소개한다.

오버랜드의 여행자는
대부분 미국과 유럽에서 온 대학생들이다.
그리고 아마추어 **사진가**와
인생의 전환점을 고민하는 사람들이 **소수**를 이룬다.

영어를 못한다고
두려워하는 마음은 잠시 접어 두기 바란다.

서툴지만, 여행에 충실하고 성실한 모습을 보여준다면, 대학생들은 곧바로 배려와 이해로 먼저 다가온다.

텐트 치는 것을 도와주고, 음식을 만들고 설거지를 함께 하는 과정에서, 그리고 매일매일 시계 방향으로 좌석을 바꾸다 보면 어느새 모두 친구가 되어 있을 것이다.

그랜드 캐니언보다는 덜 장엄하지만, 더 아름다운 피시 리버 캐니언(Fish River Canyon)에서 **일몰**을 감상한다.

소수스블레이(Sossusvlei), 데드블레이(Deadvlei)의 비현실적인 **일출**을 감상하고 나면, 국경을 넘어 사랑에 빠지는 커플도 여럿 탄생한다.

그리고 캡틴(운전수)와 크루(Crew, 음식을 만드는 일과 운전을 보조하는 사람)과는 호형호제하는 관계로 발전되어 있을 것이다.

스바코프문트(Swakopmund)에서 사륜 오토바이(Quad Bike)를 타고,

에토샤 국립공원(Etosha NP)의 워터홀(Waterhole)에서는 장엄한 아프리카의 연극을 한 편 보고 있다는 착각에 빠져든다.

주연은 코끼리와 기린이고, 하이에나와 코뿔소, 그리고 드물게 나타나는 사자가 조연이다.

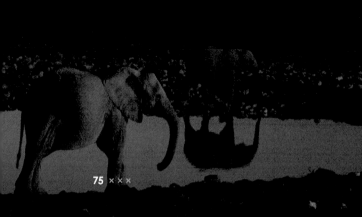

PART 2
나미비아 여행 계획

Namibia
×
YOLO

4주 이상
케이프타운 인/크루거 아웃, 현지에서 비자, 오버랜드

이렇게 꿈같은 여정은 빈트후크에서 잠시 휴식을 취하고,
또다시 오카방고 델타(Okavango Delta)의
풍부한 자연환경에서 모든 동식물을 관찰할 수 있다.

모코로(mokoro)라고 불리는 카누를 타고,
더 깊고 깊은 전기와 화장실이 없는 오카방고 델타의 원시림 속으로 들어간다.

그리고 계속해서
초베 국립공원(Chobe NP)과
카프리비 국립공원(Caprivi NP)을 여행하면서
우리가 책이나 TV로 보던 진짜 '**아프리카**'를 만나고
빅토리아 폭포(Victoria Falls)에서 대부분의 여행이 마무리된다.

이곳에서의 **헤어짐**은
다시 만나자는 기약이 없기 때문에 모두가 울음바다가 된다.

지난 20일간의 길고 긴 여행에서
같이 한솥밥만 60끼니를 먹은 사람들인데,
언제 또 만날 수 있을까?

(꼭 울어야 하는 건 아니다. 우는 건 옵션이다.)

6주 이상
케이프타운 인/나이로비 아웃, 현지에서 비자, 오버랜드

만약 더 시간이 있다면,
빅토리아 폭포에서 사자들이 가장 많은 크루거 국립공원(Kruger NP)으로 이동한 후에 게임 드라이브(Game Drive)를 할 수 있다.

좀 더 다른 여행을 찾는 사람들은 **빅토리아 폭포에서 말라위를 거쳐서 탄자니아의 다르에스살람(Dar Es Salaam)으로 간다.** 다르에스살람은 잔지바르(Zanzibar)의 관문이고, 인도의 고아(Goa)처럼 잔지바르도 히피와 여행자들의 성지인 만큼 이곳에서 **긴 휴식을 갖는다.**

그리고 **충전이 되면**
다시

탄자니아의 세렝게티 국립공원(Serengeti NP)과
응고롱고로(Ngorongoro) 분화구를 거쳐서
킬리만자로 산(Kilimanjaro Mt)을 정복하고,
암보셀리 국립공원(Amboseli NP)과
나이바샤 국립공원(Naivasha NP),
나쿠루 국립공원(Nakuru NP)을 거치고,
마사이마라(Masai Mara)에서 마사이 족을 만나 보고는
나이로비에서 여행을 마무리한다.

2.3 렌터카를 빌리는 방법

렌터카 가격비교 사이트(www.rentcars.com)에서 일단 차량과 가격을 검색해 본다. **매뉴얼**(스틱 운전)을 할 수 있으면 가격도 저렴하고 차량의 선택권이 훨씬 넓어진다.

오토매틱만 가능하다면, 약 **두 배**의 가격을 지불해야 하고, 선택권도 상당히 좁아진다. 그런데, 내가 **오토매틱을 예약하고 갔더라도** 현지에서 매뉴얼밖에 없다고 매뉴얼 차량을 내줄 수도 있다. 이것은 전 세계 어디나 마찬가지이다.

렌터카 예약을 하면 '예약 차량 또는 동급'을 빌릴 수 있지만,
아예 예약을 안 하면 '빌리거나 못 빌릴 수도 있다'는 의미이다.

렌터카 회사가 반드시 그 차량을 내주어야 하는 것이 아니라,
비슷한 차량으로(or equivalent) 대체할 수 있다고 분명히 명시되어 있다.
여기서 비슷한 차량은 배기량이나 전체적인 스타일을 말하는 것이다.

그렇기 때문에, 성수기(6~9월)에는
허츠(Hertz), 에비스(AVIS), 유로카(Europcar), 버젯(Budget), 달러(Dollar) 등
많은 렌터카 회사들이 있으므로,
최소 3군데 회사에 예약을 걸어두는 것이
확실하게 오토매틱 차량을 인수할 수 있는 방법이다.

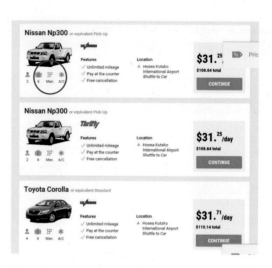

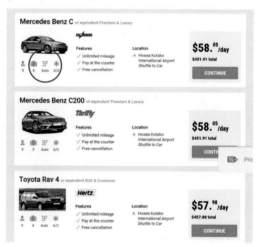

물론, 오토매틱 차량을 인도 받는 즉시,

인수하지 않을 나머지 회사들에

공항이면 렌터카 부스로 현장방문.

깜빡했으면 전화 또는 인터넷 등으로 즉시 취소하는 것은 기본 **매너**이다.

빈트후크공항에서 토요타 RAV 4(또는 동급차량)을 일주일간 빌릴 경우의

예상 견적은

7 days @ $56.68/day	$396.76(순수 차량 렌트 가격)
Estimated Taxes & Fees	$50.83(세금과 수수료 등)
Collision Damage Coverage	$72.00(자차 보험 추가 – 옵션이지만 반드시 가입하기를 바란다)

Total amount of your booking   **$519.61(약 60만 원)**

똑같은 차량, 똑같은 기간인데(회사는 허츠와 버젯으로 다르지만)
매뉴얼은 총 가격이 $244.79(최종 가격)이다.
오토매틱이 2배 비싸다.
나미비아는 자동차와 부품 산업이 발달한 나라가 아니다.
그래서 오토매틱의 결함은 남아공으로 보내져서
수리를 받아야 할 경우가 있기 때문이다.
그리고 중고차 가격이 매뉴얼에 비해서 매우 저렴하기 때문에
2배를 받는 이유가 분명하고 타당하게 존재한다.

이제 신용카드 번호 등을 입력하고, 이름과 생년월일 등 정확한 정보를 입력하면 된다. 주의할 사항은 **'취소 수수료'**를 잘 살펴봐야 한다. 위 예약은 언제나 취소가 가능하며, 페널티가 없는 예약이다. 렌터카는 대부분 취소 수수료가 없는 경우가 많다.

You may cancel this reservation at any time without penalty.

허츠 공식 홈페이지에서도 같은 예약이 가능하며,
총 가격은 CDC를 추가하면 $524.13(CDC 및 도난 추가 후
나미비아 달러를 US달러로 변환하였다)으로 큰 차이는 없었다.

렌터카는 국제운전면허증과 한국운전면허증을 반드시 지참해야 하며, 출국 전에 주소지 관할 면허시험장으로 여권과 운전면허증, 그리고 여권사진을 가지고 방문하면 1시간 정도 후에 바로 발급된다. (수수료 8,500원, 운전면허시험장 고객센터 1577-1120)

Fully Equipped 4WD

'꽃보다 청춘 아프리카'에서 나미비아 1회 차 방송을 보면,
멤버 중 한 명이 루프탑 자동차를 빌리고 싶어한다.

그들이 다시 공항으로 돌아가서 렌트하는 에비스 회사의 상단을 보면 **KEA 4X4**라고 표시가 붙어 있다. **키아(KEA)와 브리츠(Britz)** 렌터카 회사에서
나미비아 사막 여행에 적합하게 루프탑 텐트를 올린 4WD 자동차 렌트가 가능하다.

www.rent-a-car-namibia.com/kea_nr.htm
www.africa-on-wheels.com

그런데, 중요한 점은 모두 **매뉴얼**이고,
비용도 일반 자동차에 비해서 **상당히 비싸며,**
예약 취소 시 페널티가 있다는 점이다.

일반 렌터카 + 각종 취사도구 구입 + 캠핑 또는 로지(Lodge)의 가격
= (or Equivalent)
Fully Equipped 4WD의 가격이나 비슷하게 결정된다.

Namibia
YOLO

나미비아 여행 계획

사막 깊숙하게 들어갈 경우에는 4명이더라도 자동차는 2대를 빌리는 것이 좋으며, 2대가 충분한 물과 기름, 식량, 위성전화 등을 갖추고 200m 정도의 간격을 유지하면서 랠리를 하는 것이 좋다. 그리고 바퀴의 바람을 빼서 접지력을 높여야 한다.

이렇게 텐트와 조리기구 등 기본 장비가 모두 포함된 4륜 구동, **Fully Equipped 4WD**을 조금 가격이 비싸더라도 빌리는 이유는 좀 더 자유롭게 깊숙하게 들어가는 탐험적 여행이 가능하다는 것 때문이다.

유럽의 여행객들은 **아주 긴 시간**을 나미비아에서 보낸다. 20~30일, 또는 60~90일씩 긴 휴가를 보내기 때문에 이 경우에 가장 먼저 고려하게 되는 것이 바로 텐트가 설치된 4WD이다. 따라서 성수기에는 약 6개월 전부터 서둘러서 예약을 하는 것이 좋다.

2.4 렌터카 여행 시 주의사항

나미비아에서 렌터카 여행 시 주의해야 할 점 ▨▨ 4륜이 아닌 경우 미끄러짐 현상 (Slide)에 대한 주의를 해야 한다. 필자의 경우, 뉴질랜드, 호주, 일본에서 우측 핸들 경험이 충분했고, 유럽에서 매년 2만㎞씩 수차례의 해외 운전 무사고 경력자이다. 그런데 빈트후크에서 렌터카를 하고 나미브 사막으로 가는 길에서 사고 난 차를 발견했고(처음 사고 난 차량을 보았을 때, 차량이 언덕으로 올라가 있었다. 나는 상대방의 운전 미숙으로 웃고 말았는데…).

나도 곧바로 오버랜드 트럭이 만들어 놓은 바퀴 자국에 미끄러져서 차량이 전복되었다. 앞 유리창이 깨지면서 유리알과 모래들이 나에게 쏟아져 들어오는 순간, 사고라는 것이 이렇게 찾아오고, 이것으로 내가 얼마나 다치게 될까, 나는 이제 어떻게 되는 건가… 이러한 수많은 생각이 스쳐 지나갔다. 다행히 크게 다치지는 않았지만, 좀 더 과속을 했었다면, 절벽으로 떨어져서 지금 이 글을 쓰지 못했을지도 모르겠다.

그리고 그 동네 주민들이 도와주어서 차량 밖으로 빠져나오고, 한참 뒤에 그곳을 지나던 프랑스 랠리팀의 위성전화를 통해서 사고 접수가 되었다. 또 한참 뒤에, 출동한 견인차를 타고 빈트후크로 되돌아가는 길에 미끄럼 사고가 난 차량을 또 하나 보았다. 즉, 내가 렌트한 날에만 겜스베르그 패스(Gamsberg Pass)에서 3건의 사고가 있었던 것이다.

'원 레이디'가 보험료를 자동차 렌트비보다 비싸게 책정한 이유는 바가지일 수도 있지만, 나미비아에서는 이런 미끄러짐 사고가 흔하기 때문이다. 사막, 그중에서도 단단히 굳은 사막 위에서 운전하는 것은 눈길에서 운전하는 것과 같다는 것을 몰랐다. 모래로 인한 마찰로 접지력이 없다.

마음이 급해서 약간의 과속운전을 하면, 곧바로 사고로 연결되고, 이는 모든 일정의 차질과 엄청난 손해를 의미하는 것이다. 차량은 자차 보험까지 가입한 덕에 곧바로 다른 차로 배정받아 여행을 계속하였다.

렌터카를 빌리려는 분들은 반드시 저속과 정속 주행을 잊지 말아야 한다. '꽃보다 청춘 아프리카'에서는 4명이 번갈아 가면서 운전을 하고, 현지 코디네이터와 스태프 등 수십 명이 움직이기 때문에 개별 여행자들보다는 안전할 것이다.

스켈레톤 코스트(Skeleton Coast)를 운전하다 보면 묘비가 자주 눈에 띄는데, 그곳에서 차량 사고나 주유소가 없어서 장기간 고립되었고, 결국 사막에서 외롭게 돌아가신 분들을 추모하는 것이다. 지금은 점점 많아지는 여행객들로 인해서 그렇게까지는 되지 않겠지만, 충분한 물과 기름을 준비하고, 주유소는 보일 때마다 가득 채우고 다녀야 한다.

렌터카는 보험과 스케줄 관리가 중요하다

1. 보험은 비용이 들더라도 CDW(Collision Damage Waiver, 자차 및 도난 보험),
   PAI(운전, 동승자 신체보험) 등 모든 보험을 다 가입하는 것이 좋다.
2. 매뉴얼을 연습해서 매뉴얼 운전을 하게 되면 선택의 폭이 훨씬 넓어진다.
3. 사막에서는 저속 또는 정속 주행을 한다. 사고는 결국 급한 마음에서 과속일 때
   발생하는 것이다.
4. 스케줄을 구글맵이나 내비게이션 등에서 계산한 것보다 절반으로 줄여야 한다.
   그 계산은 중간에 정차 없이 정속 주행으로 계산된 것이기에 스케줄을 반으로 뚝
   줄이면 더 많은 아름다운 풍경들을 보면서 즐길 수 있을 것이다. 우리는 여행하는
   것이지, 랠리하는 것이 아니다.
5. 최소한 페트병 6병, 12ℓ의 물을 트렁크에 싣고 다니자.
6. 위성전화도 빌릴 수 있으면 빌리는 것이 좋다.
7. 길이 아니면 들어가지 마라. 사막에서는 방향 감각이 순식간에 없어진다.

나미비아 여행 계획

사막도 자연이다.
사막을 우습게 보고 막 들어가는 것은,
수영을 못하는 사람이 물에 들어가는 것과 똑같다.

늪과 같이 물렁한 사막도 있고,
똑같은 풍경으로 방향 감각을 상실하는 것은 기본이다.

중국의 '타클라마칸'과 나미비아의 '소수스블레이'
모두 '돌아올 수 없는'이라는 뜻이다.

PART 2
나미비아 여행 계획

빅토리아 폭포에는

번지 점프, 래프팅, 사파리, 악마의 수영장 등

당신의 아드레날린이 솟구치는

익스트림 스포츠로 가득하다.

사막을 여행하는 또 다른 방법은 하늘에서 보는 지구이다.

PART 2
나미비아 여행 계획

Namibia
×
YOLO

PART 2
나미비아 여행 계획

스켈레톤코스트에서 발견되는 난파선 잔해들.

캠핑에 필요한 부품 구입 캠핑을 하기 위해서 렌터카를 빌린 만큼. 연료(일반적으로 조개탄이라고 불리는 작은 석탄을 선호한다), 냄비, 프라이팬, 기초 양념, 쌀과 채소, 고기 등을 슈퍼마켓에서 구입해서 다녀야 한다. 날씨가 워낙 건조해서 음식이 쉽게 상하지는 않지만, 음식을 해 먹을 것인가, 사 먹을 것인가에 대해서 한 번쯤 고민해야 한다.

나미비아의 캠핑장 대부분은 샌드위치와
햄버거, 시저샐러드 등은 기본 메뉴로 제공
하며, 아침은 달걀과 소시지, 커피 등으로 간단
히 먹고, 저녁은 고기류와 스테이크 등을 판매한다.
만약 캠핑장에서 10박 이상씩 묵을 계획이라면 어느 정도의 장비 구입과 직접 조리
를 하는 것이 좋겠지만, 짧은 기간이라면 캠핑장에서는 모닥불만 피우고, 음식은 사
서 먹는 것으로 결정하는 것이 좋을 듯하다.

Namibia

YOLO

PART 2
나미비아 여행계획

Namibia
×
YOLO

나는 지난밤 당신이 짠 여행 루트를 알고 있다!
I know what you did last night!

여행을 상담해 주지는 않지만, 나는 당신이 유럽이나 미국이나 호주, 아프리카를 가면 어떤 루트로 가는지 이미 알고 있다. 그리고 어떻게 계획할지도 알고 있다.

그런데 이 루트에서 당신은 큰 오류를 범하고 있다. 결코 쉬지 않는 '욕망의 전차'처럼 엄청나게 바쁜 스케줄로 짜여 있다.

우리 몸은 주 5, 6일에 익숙해져 있는데, 그 루트에는 쉬는 날이 없다. 그래서 많은 여행기를 읽다 보면, '아, 오늘은 너무 쉬고 싶다. 여기서 무너질 수는 없다. 그러나 우리는 오늘 쉬기로 했다.' 이런 표현들이 많이 나온다. 부탁하건대, **여행루트를 계획할 때는 5일을 짜고, 2일은 비워두는 것이 좋다.** 그래야 쉬면서 잠도 자고, 맛있는 것도 해 먹고, 좀 더 머물고 싶은 곳은 더 머물 수 있다.

렌터카로 오버랜드 트럭이 지나간 루트를 따라가는 것은 힘들다. 그만큼 빠른 속도로 가면 위험하다. 그리고 나미비아의 비포장도로로 인해서 피로도는 심하게 누적된다. 부탁하고 싶을 만큼, 렌터카 루트는 오버랜드의 절반만 계획하기를 바란다. 잠 그리고 잠자고 나서 또 잠. 그러고도 피곤해서 또 잠자고 쉬는 여행이 되지 않으려면….

렌터카 사고 발생 시 대처 방법 ▨▨▨ 사고가 나면 가장 먼저 침착, 또 **침착하자.** 일단 **물부터 마시고,** 차량의 상태도 파악하고 한숨과 걱정보다는 지나온, 그리고 앞으로 갈 협곡에서 사고가 나지 않고, **다치지 않은 것을 다행으로 긍정적으로 생각**하자. 곧바로 렌터카 회사로 전화를 걸어서 사고 접수를 한다. 위성전화가 없고, 스마트폰이 불통이더라도 **침착하자.**

지나가는 차량이 한 시간에 한두 대밖에 없는 지역도 있을 텐데, 그들에게 도움을 요청하면, "집에 가서 전화해줄게."라고 말하기도 한다. (나미비아에서 모두가 스마트폰을 가지고 다니는 것은 아니고, 사고가 특별한 것도 아니다. 그러나 렌터카 회사 연락처를 알려주면 그렇게 해줄 것이다.) 오버랜드 트럭이나 외국인 단체 랠리팀은 좀 더 관심을 갖고 도와줄 것이다. 렌터카에 충분한 물을 가지고 다니라는 이유는 견인차가 언제 올지 모르기 때문이다. 하지만 정해진 길만 다녔다면, 분명 몇 시간 이내로는 올 것이다.

그렇게 견인차를 타고 렌터카 회사로 가서 **Damage/Loss Report Form**과 경찰서에서 **Police Report**를 작성한다. 그리고 다른 동종 차량으로 교체 인수를 받는다. 이 과정에서 오토매틱은 없을 수도 있으며, CDW(자차 보험)을 가입하지 않았을 경우 큰 비용을 지불해야 한다.

중요한 것은, 내가 조금만 속도를 늦추면 전체 일정이 아름답게 진행되는데, 약간의 과속으로 인해서 거의 하루 전체의 일정(만약 300만 원으로 10일을 여행하면, 하루에 30만 원, 항공편을 제외하면 실제로 내가 여행하는 **하루의 '가치'는 50~60만이다**)과 차량 파손에 대해서 수백만 원을 지불하게 되면(렌터카 회사에서 신용카드로 보증하는 이유가 바로 이것이며, 신용카드 회사는 무조건 지불한다) 그 손실과 손해는 너무 대가가 크다.

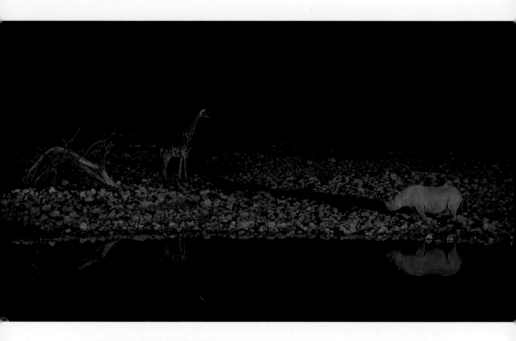

아프리카 국경이 반듯한 이유　아프리카 국경이 호주나 미국처럼 반듯한 이
유는 유럽 열강(독일, 프랑스, 영국)들이 지배를 하다가 식민지를 독립시키면서 강
이나 산맥 등 자연적인 지형을 고려하지 않고, 칼로 두부를 베듯이 잘랐기 때문이
다. 그 결과가 끝없는 대립과 분쟁이다. 남아공은 영국의 지배를 받았고, 나미비아
의 주요 인프라는 모두 독일이 가지고 있으며, 일부는 네덜란드와 영국의 소유이다.

게임 드라이브(Game Drive)　식민지배 시절에 말 그대로 게임처럼 동물, 특
히, 사자나 코끼리 등을 사냥하는 것을 게임 (Game)이라고 한다. 지금은 아프리카

의 동물들을 일정한 거리에서 관찰하는 것을 게임 드라이브라고 부른다. 게임 드라이브는 일정한 비용을 내고 자기 자동차로도 들어갈 수 있는 곳도 있고, 허가받은 차량만이 들어가는 곳도 있다. 물론 영국이나 독일인이 개인적으로 소유한 거대한 사유지도 많이 있다. 암암리에 큰돈을 지불하고 사자나 코끼리를 진짜 총으로 사냥하는 프로그램도 존재한다.

개인이 차량을 가지고 들어가는 경우보다는 현지인이 운영하거나, 오버랜드 트럭처럼 시야가 넓은 차량에 탑승하는 것이 유리하다. 게임 드라이브를 하는 전문 차량 가이드들은 자신들만의 무전기로 특정 주파수를 사용하면서 정보를 주고받는다. 무엇보다도 그들은 대략 사자의 영역을 알고 있고, 동물의 행동에 대해서 우리보다 몇 수 뛰어나다. 결정적으로는 몽골인들처럼 평원에서 멀리 보기 때문에, 시력이 기본 3.0 이상이다.

렌터카를 빌려서 여행 중이라면 게임 드라이브를 하는 도중에 근처에 있던 현지인이 운전하는 자동차가 갑자기 빠르게 어디론가 간다면, 그 차를 따라가는 것이 사자나 다른 맹수를 볼 수 있는 좋은 방법이다.

사자(Lions)와 빅 파이브(Big 5) ▨▨▨ 빅 파이브는 사자, 코끼리, 버펄로, 표범, 코뿔소를 지칭하는데, 찾아보기가 어려워서가 아니라, '자신의 먹이를 지킬 수 있는 힘'이 있는 동물 5종을 말한다. 표범은 먹이를 끌고 나무 위로 올라가서 먹이를 지키지만, 치타는 사냥에 성공하더라도 먹이를 하이에나나 사자에게 빼앗기기 때문에 빅 파이브가 아니다.

사자나 하이에나 등은 사실 위험한 동물은 아니다. 배가 부르면 더 이상 사냥하지

않기 때문에 자동차 밖으로 소리를 지르거나, 창문을 여는 등 불필요한 행동만 하지 않으면 절대로 위험하지 않다. 위험한 동물은 코끼리와 하마이다. 특히, 오카방고 델타에서는 불필요한 행동은 하지 않는 것이 좋다. 하마는 초식동물이지만, 자신의 영역을 침범하는 것은 모두 물어버린다.

많은 사람들이 아프리카를 방문하는 이유는 실제로 사자를 보기 위함인데, 그것도 운이 좋아야 한다. 날씨도 중요한 요인 중 하나이다. 비가 오거나, 궂은 날씨에는 아주 확실한 경우가 아니면 포식자들은 움직이지 않는다. 필자의 경우, 크루거 국립공원에서 가장 뛰어난 운전사를 고용해서 프라이빗 게임 드라이브를 하루에 12시간씩 약 일주일간(84시간) 촬영을 시도하였는데, 날씨가 춥고 흐려서인지 사자, 표범, 하이에나, 치타 그 어떤 것도 보지 못했다. 물론 코끼리와 기린은 시간당 한 마리씩 보았다.

이와는 다르게, 세렝게티에서는 첫날 운이 좋게 사자가 사냥하는 장면을 연속으로 촬영할 수 있었다. 게임 드라이브 운전사인 에투(Etoo)는 사자가 사냥하는 것을 이번까지 세 번 보았다고 했다. 에투의 말을 풀이해 보면, 사자가 사냥에 성공하는 것은 약 20%밖에 되지 않는다고 한다. 그리고 일주일에 5~7번 정도 시도한다고 한다. 그런데 사자가 사냥하는 시간은 기껏해야 약 5~10초 정도되니깐, 일주일 내내 사자를 따라다닐 수 있다면(그건 불가능하지만… 사자가 차량이 다니는 도로에서 벗어나면 어디서 찾을 수 있을지는 신이 결정하는 것이다) 약 1분가량 사냥하는 모습을 볼 수 있다는 것이다. 더 중요한 것은 5번 중 4번의 사냥은 밤에 한다는 것! 결국, 1~2시간의 게임 드라이브로는 사자가 사냥하는 것을 볼 수 없다는 것이 결론이다.

물론 유튜브에 올라오는 사냥 장면은 나처럼 운이 좋아서 촬영한 것이고, 내셔널지오그래픽에서 보는 사냥은 보통 1년 정도 촬영해서 만들어진 영상물이다.

이런 영상물은 수천만 원의 기부금 또는 동물 보호 비용을 국립공원에 지불하고, 촬영에 사용하는 차량 3~4대도 1년 후 촬영이 모두 끝나면 국립공원에 기부하는 조건으로 일반인이 들어갈 수 없는 곳까지 촬영 허가를 받아서 촬영한 1년 치 분량이다. 말라리아약을 먹고 간이 안 좋아지는 것은 기본이고, 체체플라이(체체파리)에 물려 가면서 망원렌즈만 1년 바라본 결과물들이 우리가 보는 사냥 장면들이다.

마음을 비우면 사자를 볼 수 있을 것이고, 운이 좋다면 사자가 깨어 있는 모습을 볼 수 있을 것이다. 사냥하는 것은 그냥 사진이나 내셔널지오그래픽으로 다시 보면 될 것이다.

아프리카에서 가장 위험한 동물은 하마이다.
해마다 많은 관광객이
하마의 **영역**으로 들어가서 목숨을 잃는다.

악어는 먹이를
끊거나 뜯어서 ▶▶▶
씹지 않고 삼킨다.

Namibia
×
YOLO

코뿔소, 치타, 표범은 가장 빠르게
개체 수가 줄어드는 동물이다.
게임 드라이브에서 **코뿔소**가
가장 보기 어려운 동물이다.

2.5 오버랜드 트럭킹 예약과 비용 계산

노마드(nomadtours.co.za)와 아카시아(www.acacia-africa.com), 나미비아 회사인 와일드 도그(wilddog-safaris.com)를 비롯해서 많은 회사가 있다.
('꽃보다 청춘 아프리카'에서 장작과 칼을 빌려준 사람이 일하는 회사가 노마드이다)

확실치는 않으나, 큰 회사들은 사고 발생이나 **국경에서의 출입국 문제**로 인한 시간 낭비를 최소화할 수 있다. 개인이 넘는 것보다는 좀 더 수월하게 간소화하였다.

너무 규모가 작은 회사는, 분명히 예약했는데, 출발 한 달 남기고, **"우리는 최소 출발 인원이 모집되지 않아서, 투어가 취소되었다. 너의 신용카드를 취소했으며, 너무 미안하다. 다음 기회에 다시 만나기를 바란다."**는 이메일을 받을 가능성도 존재하기 때문에 가급적 규모가 있는 회사를 선택한다.

규모가 큰 노마드와 아카시아도 일부 인기가 없는 구간은 비수기에 모집 인원이 미달되어 취소되거나 인원이 너무 적어서 그냥 4륜 구동 자동차 한 대로 운영하기도 한다.

코스는 크게 **캠핑 투어(Camping Tours)**와 숙박 투어(Accommodated Tours)로 나뉘는데, 도전적인 성향이라면 캠핑 투어를 신청하는 것이 좋다.
숙박 투어는 가격이 캠핑 투어의 **1.5~2배로 비싸며,** 인원 미달로 취소될 수 있다. 물론 이 경우 오버랜드 회사는 캠핑으로 가는 게 어떻겠냐고 물어볼 것이다.

가장 중요한 것은 마크 알몬드의 노래 가사처럼 'Do they always lock the door. Wishing they had someone to open it for. Just a little room of their own.(방문을 걸어 잠그면, 누군가 열어주기를 항상 자신의 방에서 바라는 것처럼.)'

방문을 닫는 순간, 모든 것은 **단절**된다.

캠핑은 함께 저녁을 먹고,
뒷정리를 하면서,
모닥불을 피우고,
그 주변에서 끝없이 이야기를 나누며,
별과 달을 안주 삼아
맥주를 홀짝인다.

텐트는 정말 들어가서 잠만 자고 나오는 곳이다.

하지만 숙박 투어는 다르다.
샤워시설이 갖추어지고, **TV가 있기 때문에** 문을 닫고 나만의 공간으로 들어가면 TV와 친구가 된다. 누군가 내 방 문을 열어서 이야기를 하고 싶지만… 그럴 일은 드물 것이다.

캠핑이 다양한 여건과 사정 때문에 힘들 것 같고, 성격상 남들과 어울리기보다는 그냥 풍경을 감상하고, 편하게 지내다가 오고 싶은 사람은 숙박 투어가 나을 수도 있을 것이다.

남아프리카 노마드의 크루(Crew) 앤디

풀러(Fuller, 뱃사공) 제임스와 뮌헨 대학교를 졸업한 크리스티앙

Namibia
×
YOLO

뉴욕대 법대를 졸업한 에바. 피오나. 레이첼

힘들고 다들 꺼리는 일에 먼저 나선 훈남 크리스

121 × × ×

캠핑 투어 시 알아야 할 점

1. 텐트를 설치하고 다시 접는 것은 여행자들의 **몫**이다.

2. 오버랜드 트럭의 공간뿐만 아니라 캠핑장의 공간도 한정되어 있기 때문에, 설치를 정해진 곳에 해야 하고, 다시 접을 때도 최대한 매뉴얼에서 요구하는 형태로 접어서 **부피를 줄여주어야 한다.**

3. 오버랜드는 **'팀(Team)'**이다. 함께 도와주고 배려해야 한다. 텐트 설치가 너무 힘들면, 아예 캡틴에게 말해서 텐트는 포기하고, 차라리 음식 준비와 뒷정리를 하겠다고 당당히 말하는 것이 좋다. 팀은 누구를 고립시키고, 강제하는 것이 아니고, 서로 돕고 함께하는 것이다. 그렇게 말하면 누군가가 대신 텐트를 설치해줄 것이다. 항상 고맙다고 이야기해주자.

4. 사막 지역이니 설거지는 단순하게 세제를 푼 물에서 씻고, 행주로 닦아내는 경우도 있다. 이것은 사막에서 어쩔 수 없는 것들이다. T.I.A. 열린 생각으로 받아들이자.

5. 시골의 오래된 슈퍼 정도 규모의 상점은 매일 한 번 방문한다. 칫솔, 치약 등 생필품, 생수, 음료수, 과자, 심지어 아이스크림까지 있다. 긴 여행으로 허기지는 사람은 초코바와 과자로 채우는 방법을 택하자. 오배랜드 트럭이 감당할 수 있는 음식은 한정되어 있다는 점을 기억하자.

6. 영어에 대한 두려움. 유럽의 대학생들을 비롯한 오버랜드에 참여하는 사람들 99%는 부러울 만큼 완벽한 영어를 구사한다. 발음은 나라마다 독특하지만, 서로의 의사전달은 분명하며 **유머에는 모두가 웃는다. 나만 빼고….**

   현지에서 일하는 나미비아인들도 마찬가지다. 도대체 우리는 20년 동안 영어 공부를 해도 왜 한마디 말을 못하는지 모르겠다. 그렇다고 입 다물고 있으면 안 된다. 자연스럽게 이들과 친해지는 방법은 성실한 모습과 배려, 양보 등 기본 매너가 있어야 한다. ~~아무 데나 침 뱉고, 담배 피우고, 술에 취해서 비이성적인 행동을 하곤 하면,~~ 아마도 여행 내내 엄청난 외로움을 느낄 것이다.

분명히 한국 남자와 한국 여자에 대한 선입견과 그들만의 생각은 있다. '삼송(삼성)과 현다이(현대), 강남 스타일'로 정리되는 나라와 동양인에 대한 생각들은 저마다 있겠지만, 여행을 하면서, 자신들의 선입견을 바꾸는 모습은 내 눈에는 보였다. **먼저 다가가는 모습**을 보이면 그 생각을 조금씩 바꾸기 시작한다. **기타**나 다른 악기를 다룰 줄 알면, 최고의 인기인으로 등극할 것이다. 춤을 추거나, 언어가 아닌 **음악, 몸짓, 유머, 눈빛** 등 전 세계 공통의 언어를 사용할 수 있으면 큰 걱정하지 않아도 바로 친구가 될 것이다. 나는 카메라를 보여주고 알려주었다. 망원렌즈를 통해서 보는 세상에 다들 신기해하면서, 빠르게 친구가 될 수 있었다. **마술**을 배워서 가는 것도 좋을 듯하다. 당신의 카드 마술에 매료된 누군가가 결혼하자고 할지도 모르는 일이다.

노마드의 베스트 오브 나미비아 ▨▨

프로그램을 자세히 살펴보자.

출발, 케이프타운
도착, 빈트후크

2명의 크루
최대 24명의 여행자
11박 12일
11번의 아침, 11번 점심, 10번의 저녁이 포함되어 있다.

2명의 크루(Crew) 중 한 명은 운전 담당, 다른 한 명은 식사 및 기타 보조 담당이다. 설거지와 뒷정리는 24명이 공평하게 2인 1조로 하루씩 분담하는 시스템이다. 좌석 배정도 시계 방향으로 계속 이동하기 때문에 더 많은 사람들을 알아갈 수 있다. 아침 8시에 케이프타운 시내 광장에 도착하면 큰 트럭이 있을 것이다. 그 버스에 자신의 이름을 말하고 탑승하는 것으로 여행은 시작된다. 당일 저녁에는 모두 모여서 자기소개를 하고, 텐트 치는 법과 여행에 대한 전반적인 이야기를 나누게 된다. 물론 모두 영어로 진행된다. 그래도 한 가지는 꼭 물어봐야 한다. 바로 기상 시각!

움츠러들고, 자신감이 없는 모습으로 그룹에서 겉돌면 결국 여행 기간 내내 나만 힘들어진다. 스스로를 옭아매지 않았으면 좋겠다.

나는 이 프로그램에 2번 참여하였는데, 함께했던 사람들은 뉴욕대 법대생, 쾰른대 전자공학도, 유명 회사의 은퇴자와 같이 스스로 자존감이 높아서, 배려가 몸에 익숙

했던 사람들이었다. **영어는 중요하지 않다.** 적극적이고 유머러스하고 남을 존중하는 마음만 있으면 된다.

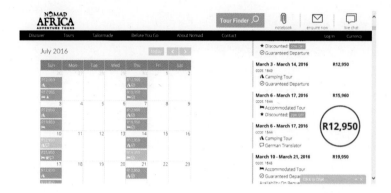

이 프로그램은 매주 일요일과 목요일에 출발한다. 금액은 **캠핑 투어가 12,950 랜드(약 100만 원)** 숙박은 19,950랜드(약 155만 원)이다. 따라서 2016년 6월 30일 캠핑 투어에 참여하려면, 항공권은 다음과 같이 예약하는 것이 좋다.

항공권은 1,336달러로써, 약 160만 원 정도가 된다.

투어 비용 100만 원과 비자 비용(3만 원) 등을 합치면 **대략 300만 원 정도로** 항공권과 숙박 및 식사, 그리고 투어 비용까지 모두 감당할 수 있다. 그리고 남는 20~30만 원 정도의 여비를 가지고 가면, 쿼드 바이크를 비롯해서 각종 프로그램에 참여하고 **작고 가벼운 기념품(예쁘고 무거운)**을 사올 수 있을 것이다.

6월 25일 (토) 인천공항 AM 7:50 출발

여정은 **ICN-HKG-JNB-CPT**

케이프타운에 6월 26일 (일) AM 11:30에 도착하게 된다. 총 비행시간은 22시간 30분이다. 약 30시간 정도 소요된다고 생각하면 된다.

6월 26일 (일) 케이프타운 도착 후 휴식

6월 27일 (월) 노마드 본사 방문하여 나미비아 비자 급행료 지불, 접수 후 일일관광

6월 28일 (화) 노마드 본사 방문하여 여권 수령 후 일일관광

6월 29일 (수) 케이프타운 일일 관광 및 필요한 용품 준비, 케이프타운은 3일 관광으로도 부족할 만큼 볼거리, 먹거리, 쇼핑이 풍부하다. 밴쿠버, 시드니보다 아름다웠다.

6월 30일 (목) 오전 8시 케이프타운 광장에서 노마드 트럭에 탑승 후 출발

7월 11일 (월) 11일까지 **11박 12일** 나미비아 빈트후크의 아레부쉬 로지(Arebbusch Lodge)에서 종료

7월 12일 (화) AM 11:15 빈트후크공항 출발

여정은 WDH-JNB-HKG-ICN으로 인천공항에

7월 13일 (수) PM 6:20 도착

이제 어느 정도 오버랜드와 항공권 구입에 대해서 감을 잡을 수 있을 것이다.

최소한 19~20일가량의 시간이 필요한 곳이 바로 나미비아 여행이다.

정말 시간이 빠듯해서 **10일이 최대 휴가인 경우**에는 빈트후크에 소재한 와일드 도그 사파리를 여행해서 맞출 수 있다. (www.wilddog-safaris.com)

매주 금요일에 떠나서, 다음 주 목요일에 마감한다.

따라서 인천공항 수요일 저녁 출발, 목요일 빈트후크 도착, 금요일 투어 참가, 다음 주 목요일에 투어 종료 후 금요일 빈트후크에서 출발하여 토요일 오후에 인천공항에 도착하는 스케줄이 가능하다.

금액은 12,560나미비아 달러(약 97만 원)으로 노마드와 비교하면 비슷하지만, 나미비아 구석구석을 여행할 수 있다.

물론 이 투어 프로그램에 참여를 하려면, 대행사를 통하거나 본인이 직접 **비자**를 **먼저 받아**두어야 한다.

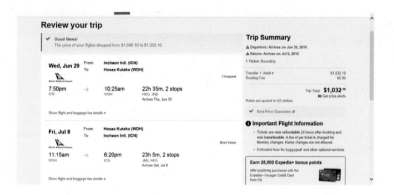

6월 29일 (수) 인천공항 AM 7:50 출발

여정은 ICN–HKG–JNB–WDH로 빈트후크에 6월 30일 (목) AM 10:25 도착하게 된다. 총 비행시간은 22시간 35분이다. 약 30시간 정도 소요된다고 생각하면 된다.

6월 30일 (목) 빈트후크 도착 후 휴식

7월 1일 (금) 숙소로 픽업 와서 와일드 도그 사파리 탑승

7월 7일 (목) 숙소에 내려주며 오버랜드 사파리 여행 종료

7월 8일 (금) AM 11:15 빈트후크공항 출발

7월 9일 (토) 여정은 WDH–JNB–HKG–ICN로 인천공항에 PM 6:20 도착

총비용은 항공료 125만 원 + 투어 프로그램 96만 원 + 비자 비용 18만 원. 기타 교통비 및 각종 비용을 넉넉히 잡아서 250만 원 정도 + 개인 용돈과 현지에서 사용할 50만 원 정도를 가지고 가면, 약 300만 원 정도를 예상하면 된다.

나미비아 여행은 항공권이 대략 100~150만 원, 투어 프로그램은 100~120만 원 정도, 케이프타운에서의 게스트 하우스, 비자 신청 비용, 기타 여비를 계산하면 대략 300만 원 정도 예상하면 된다.

유럽 여행은 300만 원이면 많이 힘들다.

3

×××

여행 준비물

PART 3

여행 준비물

3.1 아프리카 캠핑 무엇이 필요할까?

여행자 보험 가입

모자

선크림

선글라스

여분의 안경 또는 렌즈

두툼한 점퍼 한 벌

목장갑(우리의 손은 약하다. 텐트 설치 시 손을 보호할 수 있다)

목베개

유성펜

손톱깎이

기본 의약품

여벌의 옷과 수영복(캠핑장에 수영장이 있다)

세면도구

신발(바닥이 두툼한 등산화를 신고 가자)

슬리퍼

헤드렌턴(어두운 곳에서 손을 자유롭게 해준다. 사람에게 직접 비추지 않도록 주의하자)

우산

촬영을 위한 카메라 준비 ▮▮▮ SLR 카메라를 가지고 가는 경우는 2개의 보디와 여분의 배터리가 있다면 최대한 가지고 가는 것이 좋다. 여행 중 한 개의 카메라가 고장나도 계속해서 촬영을 할 수 있다. 아프리카의 광활한 풍경 속에서 갑자기 동물이 나타나기 때문에 광각렌즈에서 망원렌즈로 교체하는 동안 이미 모든 상황이 종료된다. 물론 광각렌즈에서 촬영하면, 코끼리와 기린과 같이 큰 동물들도 풍경의 일부분일 뿐이다. 캐논 카메라와 렌즈를 예로 들면, 하나의 보디에는 24-70, 또 다른 보디에는 70-200을 마운트하고 익스텐서 2X를 가지고 가면 최대 400㎜ 5.6L가 된다. 아프리카의 밝은 날씨를 감안하면 모노포드를 사용해서 동물들을 어느 정도는 촬영할 수 있을 것이다. 트라이포드는 오히려 짐이 될 가능성이 높다. 보디가 한 개인 경우는 28-300이 좋을 듯하다. 방진과 방습 기능은 중요하다. 오버랜드의 진동과 사막의 미세먼지를 모두 견딜 수 있어야 한다.

작고 사용이 편한 카메라가 사실 **가장 좋은 카메라**다. 모든 짐은 캐리어가 아닌 배낭에 담아서 매고 다녀야 편하다. 영화 '미션(The Mission)'의 로버트 드 니로(Robert De Nior)처럼 **자신이 가진 짐이 많을수록 여행은 힘들다.** 자동차보다 비싼 400㎜ 2.8L 렌즈를 장착해도, 사자가 사냥을 하지 않으면 큰 의미가 없다. 독일의 ZDF 방송사에서 2012년부터 1년간 차량 4대를 투입하였으나, 사자가 사냥하는 것은 촬영하지 못했다고 풍문으로 들었다.

사막과 캠핑장에서 **캐리어**를 끌고 다니기 어렵다. 가벼운 작은 **캐리어**는 머리에 이고 다닐 수 있다. 여행용 크로스백에는 옷가지를 넣고, 자신이 핸들링할 수 있는 무게의 배낭에 중요한 물품과 카메라 등을 넣어서 **최소 두 시간은 걸을 수 있 어야 한다.**

망사 조끼   동대문 시장에 가면 구멍이 숭숭 뚫린 낚시 조끼가 있는데, 이것이 대단히 요긴하다. 지퍼와 주머니가 많아서, 여권과 돈을 넣은 상태에서 절대 벗지 않 고, 그 위에 적당한 겉옷을 걸치면 스타일이 너무 구리지는 않다. 나는 이 옷을 입으 면 분실에 대한 것은 전혀 신경 쓰지 않고, 내 일에 집중할 수 있어서 항상 입고 다닌 다. 겉에 얇은 반팔 남방을 입으면 괜찮다.

스마트폰 유심칩 구입 및 설치   USIM칩을 구입하고 설치하면 데이터가 인식 을 못 하는 경우가 있다. 따라서 구입한 장소에서 데이터 인식을 하도록 세팅을 하 고, 정 안 되는 경우, 판매자에게 부탁해 보자.
대부분의 경우는 전원을 끄고 다시 켜면 자동으로 인식을 한다. 기억하라. 나미비아

는 인구 200만 명에 면적은 한국의 8배가 넘는다. 공항에서는 터지지만, 사막에서는 신호가 안 잡히는 곳이 많다.

멀티탭 ▒▒▒ 다른 사람을 배려하는 충전을 위해서 반드시 **멀티탭 5구를 준비하자.** 4명 정도가 충분히 그들의 전화기와 핸디 카메라를 충전할 수 있도록 배려해주자. 약간 독특한 모양의 전원코드는 한국에서도 구입할 수 있지만, 정확하지 않으면 현지에서도 쉽게 구입이 가능하다. 누군가 가지고 올 것이니, 멀티탭만 준비하자.

사진 연습 ▒▒▒ 좋은 사진을 촬영하는 데 가장 중요한 것은 연습이다. 아프리카를 가기 전에 과천 서울랜드 동물원을 자주 방문해서 연습하면 실전에서 좋은 사진을 얻을 것이다.
우리는 상당한 금액과 시간을 투자할 뿐만 아니라, 체력과 정신적으로 엄청난 도전을 하고 있는 것이다. 적은 금액과 소소한 실수, 손실은 크게 유념하지 말자. 중요한 것은 나미비아를 여행한다는 자체이고, 그 과정에서 일어나는 작은 손실에 대해서는 큰 의미를 두지 않았으면 좋겠다.

나미비아를 갈 수 있다는 것은 그 자체로 큰 축복이고, 감사해야 하는 것이다.

Namibia
×
YOLO

3.2 남아공 랜드를 가져가라고?

화폐 나미비아는 1990년에 남아공(South Africa)으로부터 독립하였고, 아직은 남아공 랜드(ZAR)에 1:1 고정환율제를 택하고 있기 때문에, 남아공 랜드는 나미비아에서 사용할 수 있다. 하지만 나미비아 달러(NAD)는 남아공에서 사용할 수 없다. 미국 달러(30%), 남아공 랜드(50%), 신용카드(20%), 그리고 신용카드를 이용한 ATM(비상시)을 적절하게 사용하는 것이 좋다. 맥주나 식사를 하고 나면, 10~20%의 팁을 주는 것이 일반적인 매너이다. 미국이나 유럽에서 현금을 인출할 수 있는 신용카드라면, 나미비아의 은행 현금지급기에서도 인출할 수 있다. 외환은행 본점에서 남아공 랜드로 미리 환전할 수 있고, 남는 랜드는 다시 한화로 바꿀 수 있다. 물론 계속되는 환전으로 손실이 발생한다.

**남아공 랜드는 외환은행 본점에서 사고팔 수 있으며,
남아공과 나미비아에서 모두 사용한다.
나미비아 달러는 나미비아에서 모두 쓰고 와야 한다.**

2016년 3월 3일 기준으로 남아공 랜드 현찰을 살 때 83.25, 팔 때 72.26을 적용받는다. 1,000 남아공 랜드 = 1,000 나미비아 달러 = 83,250원으로 사고, 1,000 남아공 랜드를 다시 팔면, 72,260원을 돌려받는다. 미국 달러, 유로화, 일본 엔화와 비교하면 많은 손실이 있다.

렌터카 여행은 좀 더 많은 계산이 필요하지만, 오버랜드의 경우는 식사가 대부분 포함되어 있기 때문에, 큰돈이 들지 않는다. 도시 지역에서는 요리 담당이 쉴 수 있도록 일부 식사가 포함되어 있지 않다. 이 경우 주변 레스토랑이나 바에서 사 먹어야 한다. 일반적으로, 제일 잘한다는 식당에 단체로 가서 먹는다. 물론 본인이 원하

면 그 저녁에 참석하지 않고, 따로 사 먹을 수 있다.

2주 미만은 남아공 랜드 20만 원, 미국 달러 10만 원, 신용카드 한 장, 이렇게 가지고 가면 충분하지 않을까? 4주면 약 2배면 될 듯하다.

렌터카는 **텐트를 구입할 것인가?** 아니면 **로지에서 계속 잘 것인가?**

마음속으로 미리 결정해야 한다. 텐트와 각종 집기는 우리나라의 1.5~2배 정도로 비싸다. 1인용으로 던지면 펴지고, 1분이면 쉽게 접는 것이 10~15만 원가량 한다. 기름값은 60~70%로 싸며, 텐트로 캠핑하는 경우 2인 + 자동차 1대를 기준으로 1박에 1~2만 원 예상하면 되고, 로지, 살레 등 숙소는 6~10만 원 정도 지불한다.

아프리카에서도 럭셔리 투어 프로그램은 16일에 약 2,000만 원 정도로 고가인 것도 있다. (www.abercrombiekent.com)

4

×××

여행 루트

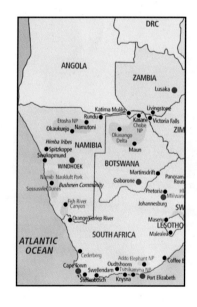

Victoria Falls 빅토리아 폭포
Rundu 룬두
Namutomi 나무토니
Etosha NP 에토샤 국립공원
Okaukuejo 오카우쿠 캠핑장
Himba Tribes 힘바 부족마을
Spitzkoppe 스피치코프
Swakopmund 스바코프문트
Windhoek 빈트후크
Namib Naukuft 나미브 나우클루프트 사막
Bushmen community 부시맨 자치구
Sossusvlei dunes 소수스블레이 사구
Fish River Canyon 피시 리버 캐니언
Orange/Gariep River 오렌지 리버
Cape Town 케이프타운

4.1 7일 오버랜드 나미비아 남부

자료 출처: 와일드 도그 사파리(www.wilddog-safaris.com)

피시 리버 캐니언과 소수스블레이를 여행하는 6박 7일 코스로써,

서울 ▶ 빈트후크(1, 2일) ▶ 칼라하리 사막(3일) ▶ 피시 리버 캐니언(4일) ▶ 오스/루던리츠(5, 6일) ▶ 소수스블레이(7, 8일) ▶ 빈트후크 ▶ 서울(9, 10일)

4.2 7일 오버랜드 나미비아 북부

자료 출처: 와일드 도그 사파리(www.wilddog-safaris.com)

6박 7일간 나미비아 북부를 여행하는 코스인데, 소수스블레이는 방문하지 않는다.

서울 ▶ 빈트후크(1, 2일) ▶ 오코지마(3일) ▶ 에토샤(4, 5일) ▶ 크루트베르크 암각화 지대(6일) ▶ 트위펠폰테인 암각화 지대(7일) ▶ 스바코프문트(8일) ▶ 빈트후크 ▶ 서울(9, 10일)

4.3 20일 Cape to Vic Falls 오버랜드

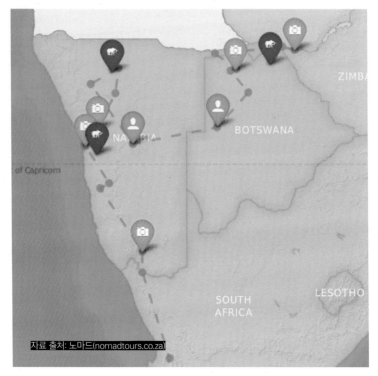

자료 출처: 노마드(nomadtours.co.za)

20박 21일간의 코스로써 가장 권하고 싶은 코스이기도 하다.

4일간의 왕복 비행, 그리고 5일간의 케이프타운 체류 기간을 더하면 한 달간 세상에서 **가장 완벽한 여행코스**를 다녀올 수 있다. 이 코스를 여행하고 나면, 반드시 후유증이 있는데, 로마, 파리, 프라하, 뉴욕이 다 시시해진다는 것이다.

그리고 이 코스를 <u>**다시 한 번 가고 싶다**</u>는
유혹이 끊이지 않는다는 것이다.

서울 ▶ 케이프타운 (1, 2일) 케이프타운 (3, 4, 5일) ▶ 세더버그(6일) ▶ 오렌지
리버(7일) ▶ 피시 리버 캐니언(8일) ▶ 나미브 사막(9일) ▶ 소수스블레이(10일)
▶ 스바코프문트(11, 12일) ▶ 스피츠코프(13일) ▶ 아웃조(14일) ▶ 에토샤(15,
16일) ▶ 빈트후크(17일) ▶ 간지(18일) ▶ 오카방고 델타 게이트(19일) ▶ 오카
방고(20, 21일) ▶ 카프리비(22일) ▶ 초베(23일) ▶ 빅토리아 폭포(24, 25일) ▶
서울(26, 27일)

빅토리아 폭포에서의 래프팅 아무리 좋은 것도 리뷰가 100개 넘어가면 별 4.5
개가 최고 점수인 경우가 많다. 그런데 쇼크웨이브(Shockwave)의 래프팅은 트립어
드바이저 171건의 리뷰, 별 5개이다. (www.shockwavevictoriafalls.com)

4.4 렌터카 10일 여행

도로포장이 잘 되어 있는 다른 나라들과는 달리 나미비아는 렌터카로 여행할 루트와 경로를 계획할 때 과감하게 계속해서 마음을 비우는 것이 필요하다.

서울 ▶ 빈트후크(1, 2일) ▶ 나미브사막(3, 4일) ▶ 소수스블레이(5일) ▶ 스바코프문트(6, 7, 휴식 8일) ▶ 스피츠코프(9일) ▶ 에토샤(10, 11일) ▶ 빈트후크(휴식 12일) ▶ 빈트후크 ▶ 서울 (13, 14일)

이렇게 스바코프문트와 빈트후크에 1박씩 모두 2박 정도를 쉬는 날짜로 생각하고 넣어두어야 전체 일정이 빡빡하게 돌아가지 않는다.

구글맵스에서 계산된 결과는 모두 22시간 35분, 1,939km이며, 평균 시속 86km 정도가 된다. 사막에서 시속 86km로 달리면 영영 돌아오지 못할 것이다.

따라서 전체 거리를 과감히 줄이거나 시간을 2배로 늘려야만 한다. 주유, 중간에 식사 및 휴식, 주차, 숙소나 캠핑장 찾기 등을 감안하면 2배로 늘린다고 해서 결코 느긋하게 여행할 수 있는 것도 아니다.

결국 10일간(14일에서 항공 4일 제외) 약 3,878㎞(1,939×2배), 매일 400㎞, 4~5시간 정도(서울에서 부산까지)의 거리만큼 운전하는 것과 같은 느낌이라고 예상하면 비슷할 것이다.

참고로, BMW에서는 나미비아에서 BMW X5로 7박 8일간 랠리할 수 있는데, 총거리는 약 1,300㎞로, 하루에 180㎞ 미만으로 10박 11일간의 랠리는 약 3,100㎞로 하루에 310㎞ 정도를 랠리하는 여정이다.
자세한 정보와 예약은 www.bmw-drivingexperience.com에서 가능하다.
참가비는 숙박과 식사를 포함해서, 약 580만 원(7박 8일), 720만 원(10박 11일)이다.
(나미비아 빈트후크에서 출발과 도착을 하기 때문에 개별 항공편은 본인이 부담해야 한다. 따라서 항공권을 150만 원 정도 예상하면, 7박 8일간 1인당 약 700~900만 원 정도의 비용이 든다.
자동차나 랠리에 관심이 있다면, 북마크를 해두고 내일 바로 은행에 가서 적금 하나 가입하는 것은 어떨까?
BMW 드라이빙 센터 웹사이트에서 자세한 내용을 볼 수 있고 온라인 신청도 할 수 있다. (www.bmw-drivingexperience.com/en/training-venues/namibia.html)

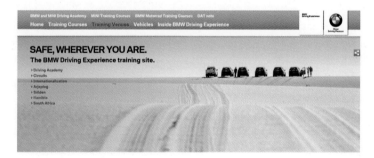

5

* * *

여행지 & 캠핑장

5.1 케이프타운(Cape Town)

케이프타운은 나미비아로의 긴 여행을 출발지뿐만 아니라, 그 자체로 세계 3대 미항(시드니, 밴쿠버, 케이프타운) 중 첫 번째로 꼽히는 아름다운 항구이다.

많은 사람들이 '아프리카의 유럽'이라고 부르며, 도시 전체가 영국, 네덜란드, 독일의 건축 양식으로 되어 있고, 유럽인들이 많이 있다.

빅토리아 워프(Victoria Wharf)가 쇼핑의 시작이고 끝이다. 혹시 한국에서 가져오지 못한 물품이 있으면, 이곳이 마지막으로 구입할 수 있는 장소이다. 물론 **공산품**은 한국보다 **비싸다.** 그렇지만 나미비아로 들어가면 아예 없거나 <u>**더 비싸게**</u> 판매한다.

식당과 각종 레스토랑, 바, 클럽 등이 모두 빅토리아 워프 주변에 있기 때문에 특별히 렌터카를 빌릴 필요는 없다.

일일 투어 프로그램으로는 **고래 관광**이 7월 중순부터 11월까지 9시부터 5시 30분까지 종일 진행된다. 우리가 사는 지구에서 사자를 보기 어렵기도 하지만, 고래 역시 쉽게 볼 수 있는 것은 아니다. 고래 관광(Whale watching) 프로그램은 뉴질랜드와 호주, 캐나다, 하와이, 칠레 등에서 운영 중이다.

케이프타운은 남극에서 올라오는 차가운 벵겔라 해류와 적도에서 마다가스카르를 따라 내려오는 따뜻한 해류가 **만나서** 풍부한 해양 동물이 살고 있다.
바다표범, 물개, 그리고 이를 잡아먹으려는 백상아리(Great White Shark), 고래 등이 대표적이다.
또한, 자연 풍광과 식물 역시 **곶(Cape)과 반도(Peninsula)**의 특징 때문에 매우 아름답고 독특하다.

투어는 계절에 따라서 매우 다양하며, 가격은 약 7~10만 원가량으로 비슷한 프로그램이 있는 호주, 뉴질랜드, 미국, 캐나다 등의 절반 가격밖에 되지 않는다.

케이프타운 숙소 정보 ▨▨▨ 케이프타운에는 다양한 숙소가 존재한다. 여길 지나면 계속 캠핑을 할 테니, 좋은 곳에서 착한 가격으로 꿀잠을 자도록 하자. **트립어드바이저(www.tripadvisor.com)** 인터넷 이전에는 '론리플래닛'이 손에 잡히는 책자로써 여행 바이블이었고, 인터넷에서는 '트립어드바이저'가 여행 바이블이다. 좀 독특한 숙소를 원하면, 공유 경제의 첨병인 **에어비앤비(www.airbnb.com)**를 이용해 보자.

오카쿠에 2층 샬레에서 바라보는 워터홀

5.2 나미비아 남부(Southern Namibia)

나마콸란드(Namaqualand),
오렌지 리버(Gariep Orange River),
피시 리버 캐니언(Fish River Canyon)

칼라하리 사막의 맨 아래쪽을 지칭하며, 남아공 북부와 나미비아 남부의 국경지대 전체를 말한다. 다이아몬드 광산과 구리가 엄청나게 매장되어 있으며, 봄과 여름에는 이곳에서만 볼 수 있는 다양한 다육 식물들이 꽃을 피운다.

빈트후크에서 렌터카로 여행을 하게 된다면, 이곳까지 내려올 시간적 여유는 없을 테지만, 이곳을 보지 않는 건 캘리포니아에서 그랜드 캐니언을 보지 않고 가는 것과 똑같다. 시간이 허락한다면 피시 리버 캐니언은 꼭 봐야 한다. 오버랜드 투어에 참여한 경우에는 오렌지 리버에서 카누를 타거나, 그냥 캠프에서 휴식을 취할 수 있다. 점심을 먹은 뒤에는 피시 리버 캐니언 트래킹을 자유롭게 할 수 있으며, 너무나 아름다운 일몰 풍경을 볼 수 있는 지점으로 이동해서 자유시간을 갖는다.

나미비아 남부 숙소 정보 █████ 나미비아는 렌터카나 오버랜드 모두 캠핑장에서 만난다. 그 황량한 사막에 거대한 리조트는 존재 자체만으로도 생각하기 싫다.
캠핑장은 순수 캠핑장도 있지만, 대부분 로지(호텔, 모텔, Accom, 펜션, 샬레 등 약간의 차이가 있지만, 모두 숙박이라는 같은 의미이므로 로지로 통일하겠다) 시설을 일부 가지고 있다. 반대로 개인이 운영하는 로지가 약간의 캠핑을 위한 장소를 제공하기도 한다.

피시 리버 캐니언에서 일몰을 바라보면서
오버랜드의 여행은 시작된다.

PART 5
여행지&캠핑장

캠핑하는 사람들도 ~~버카 오커나~~. 날씨가 궂으면?
몸이 아플 때, 또는 며칠간의 캠핑으로
좀 더 편한 휴식을 원할 때 로지에서 묵는다.

Hobas Camping 순수 캠핑장으로 로지는 없다. 하지만 수영장이 있으며 간단한 편의점과 주유소가 있다. 그리고 피시 리버 캐니언 트레일 코스가 있다. 최대 8인까지, 1인당 NAD 150(약 12,000원, 5인 = 6만 원) 노마드와 아카시아와 같은 오버랜드 트럭 여행자들은 주로 호바스 캠핑장에서 묵는다.
예약 문의: Erick Gubula, Manager +264 63 266 028

Ai-Ais Hotsprings Spa Ai-Ais는 나마어로 불타는 물(Burning Water)이다. 로지, 캠핑, 레스토랑, 바, 스파, 기념품숍, 장애인시설, 세탁 서비스 등 좋은 시설과 서비스를 제공한다. 렌터카를 한다면 반드시 묵어야 할 좋은 로지이며 캠핑장이다.

산이 보이는 더블룸은 2인 1실에 조식 포함하여
성수기(7~10월)에는 NAD 1,200(9~10만 원), 1인 1실 NAD 730,
비수기(11~6월)에는 2인 1실 NAD 1,060이다.

4인 가족 샬레는 조식 없이 침구만 제공하며,
2인 NAD 1,300, 4인 2,600이다.(NAD 1=77원)

렌터카를 해서 스파까지 즐겼으면, 이제 피시 리버 캐니언을 트래킹할 차례이다.
트래킹 비용은 NAD 300이며, 가이드를 따라가면서 설명을 듣는 소규모 단체 프로
그램은 NAD 500이다.
예약 문의: Charles Ndoli, Manager +264 63 683 676 www.nwr.com.na

왜 나미비아는 1인과 2인의 요금 차이가 클까?

1인당으로 요금을 책정하는가? 하는 의문이 있을 수 있는데, 합리적인 독일식 계산
이기도 하며, 중요한 것은 물의 사용에 대한 것이다. 우리나라 호텔의 경우에는 유틸
리티(Utility, 물과 전기 등)의 비용이 저렴하기 때문에 1인 1실이나 2인 1실이나 가
격 차이가 크지 않지만, 나미비아에서는 유틸리티의 가격을 기준으로 계산한다. 1
인 1실과 2인 1실은 물 사용량과 물을 사용하는 세탁량이 **두 배**가 되기 때문에 완
전히 다르다고 볼 수 있다.

5.3 소수스블레이(Sossusvlei)와 데드블레이(Deadvlei)

나미브나우크루프트 국립공원(Namib–Naukluft National Park)이
나미비아의 가장 핵심적인 관광 포인트이다.
두말할 나위 없이 **'죽기 전에 가봐야 할 곳 No.1'**이다.

여기에 견줄 수 있는 풍광은 지구상에서 오직 '남극의 빙하'와 '히말라야 산'뿐이다.
이 풍광을 어떻게 표현해야 할까? 어떻게 쓰면 좋을까?

나는 '실존적 고독'이라고 말하고 싶다.

'블레이(Vlei)'는 '늪'이라는 아프리칸스(Afrikaans) 언어에서 나왔고,

'소수스(Sossus)'는 나마(Nama) 언어로 '돌아올 수 없는'이라는 뜻이다.

'데드(Dead)'는 물론 '죽음'을 의미한다.

사막은 어떤 광물을
함유하고 있느냐에 따라
색깔이 다르다.

소수스블레이 안에 있는 데드블레이

Namibia
×
YOLO

167 ×·×·×

왜 이토록 아름다운 사막들은 돌아올 수 없는 곳이라고 불릴까?
너무도 아름다워서 한 번 들어가면 나갈 수 없기 때문은 아닐까?

나에게 소수스블레이는 정말 돌아가기 싫은 풍광이었다.
그곳에 있으면, 지구가 아니라 어느 행성에 불시착한 것과 같은 착각에 빠진다.

데드블레이를 가기 전에 맞이하는 일출은 단연 나미비아 여행의 핵심이고 압권이다.
둔 45(Dunes 45)는 45도 각도라는 뜻이다.

완벽한 삼각.
햇빛을 받는 쪽은 철과 마그네슘 등 섞여서 붉은빛을 띠고,
반대편은 그림자로 검게 보이며, 하늘은 파랗게 보이는 사진이 바로 둔 45이다.
이 둔 45는 계속 움직이고 변한다.

마치 살아 있는 물체처럼 바람에 의해서 그 모양을 계속 바꾸는 중이다.
매년 수천 명의 사진가들이 이 둔 45를 촬영하기 위해서 방문하고,
모든 사진은 아주 미세한 차이가 있어서 같을 수 없다.

나미브나우크루프트 국립공원 내에 소수스블레이가 있고,
소수스블레이 내에 데드블레이가 존재한다.
둔 45에서 일출을 보고 나면,
국립공원으로 약 5분 정도 4륜 구동차를 타고 더 들어간 후에
약 30분 정도 걸어서 데드블레이를 자유롭게 탐험한다.

나미비아 소수스블레이, 데드블레이 숙소 정보

세스리엠 캠핑장(Sesriem Campsite)은 대다수가 묵는 곳이다. 오버랜드도 모두 여기에서 묵는다. 수영장과 레스토랑이 있다.

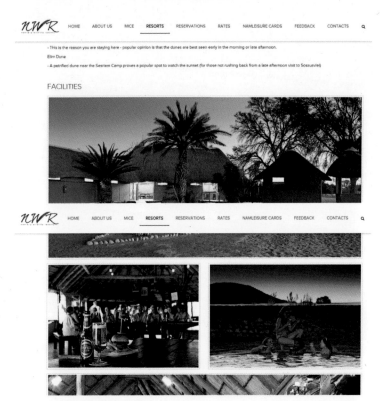

'NWR'은 나미비아 전역에 좋은 로지와 캠핑장을 체인을 가지고 있다. (www.
nwr.com.na) '나미비아 컨트리 로지'는 모두 11개의 로지를 운영 중이다. (www.
namibialodges.com)

데저트 캠프(desertcamp.com)

렌터카를 위한 로지는 데저트 캠프를 추천할 만하다. 우리가 보통 글램핑이라고 부
르는 텐트 겸 숙소에서 편안하게 숙박을 할 수 있다. 아침과 저녁을 포함하는 경우 2
인 1실 NAD 약 14~17만 원, 1인 1실 11~13만 원이다.

한 번쯤 호사를 누리고 싶다면, **소수스 둔 로지(Sossus Dune Lodge)**가 최
고의 장소이다. 이 역시 NWR에서 운영하며, 성수기(7~10월) 가격이 2인 1실 둔

샬레(Dune Chalet)는 42만 원, 허니문 샬레(Honeymoon Chalet)는 52만 원가량
이다.

과연 여행을 하면서 이렇게 비싼 돈을 주고 자야 하는가? 이에 대해서 내 개인적인
생각은 그럴 수 있다면 **그렇게 하는 것도 나쁘지 않다는 것**이다. 이 정도의 로
케이션(위치)에 이 가격으로 잘 수 있다면, 평생 잊지 못할 추억이 될 것이다. 당연하
지만, 그 돈으로 좋은 가방을 사거나, 좋은 곳에서 식사를 하거나, 미래를 위해서 저
축을 한다면, 그것도 정답일 것이다.

렌터카를 빌려서 너무 복잡한 루트와 장기간의 운전으로 계획되었다면, 더 단순
하게 운전하는 시간을 줄이고, 그 남는 비용으로 소수스 둔 로지(Sossus Dune
Lodge)에서 3박 4일 정도 아무것도 하지 않는, 그리고 더욱더 격렬하게 아무것도
하지 않는 여행이 더 좋은 기억으로 남기도 한다.

여행의 방법과 종류는 다양하다. 틀린 것은 없고, 다른 것 뿐이다.

스켈레톤코스트 북부 사막. 인간은 함부로 갈 수 없는 신의 세계이다.

5.4 스바코프문트(Swakopmund)

이제는 좀 쉬는 시간이다.
여행 루트는 이렇게 쉬는 시간이 있어야만 한다.

스바코프문트는
쿼드 바이크(Quad Biking), 샌드보딩(Sandboarding), 스카이다이빙 (Sky Diving), 돌고래 크루즈(Dolphin Cruise)가 대표적인 사막에서 즐기는 스포츠이다.

이 중 가장 인기 있는 것은 역시 쿼드 바이크이다.
45도 각도에서 전속력으로 내려오는 기분은 마치 놀이공원에서 즐기는 익스트림 놀이기구처럼 엄청난 스릴을 약속한다. 45도 각도의 듄(모래언덕)을 올라갈 때는 하늘 위로 솟아오르는 느낌이다.

스바코프문트에서 가까운 월비스 베이(Walvis Bay)는 펠리컨과 플라밍고의 휴식처이면서 **브래드 피트와 안젤리나 졸리**가 딸 **샤일로 누벨**을 낳은 곳이다.

물론 샤일로 누벨은 나미비아 시민권자가 되었다.
월비스 베이가 얼마나 아름답고 조용한 곳인지는 따로 설명하지 않겠다.

스바코프문트는 케이프타운, 빈트후크와 함께 '도시'이기 때문에 병원, 대형 슈퍼마켓, 레스토랑, 와인바 등이 많다. 자신에게 필요한 것들을 찾아 걷기만 하면 된다. 여행하면서 만난 친구들과 즐거운 저녁을 함께하자.

버킷리스트에서 무엇인가를 지우고, 스바코프문트에서의 쿼드 바이트를 적어두자.

그리고
와인을 함께하면서 브래드 피트와 안젤리나 졸리가 나온 영화 얘기를
하면서 떠들썩하게 밤늦게까지 즐기자.

스바코프문트의 해산물 식당은 'The Tug'이다.(www.the-tug.com)

메뉴와 인터넷 예약이 가능하다. 트립어드바이저 순위 2위.(www.tripadvisor.com)

스바코프문트의 다양한 액티비티는 'Desert eXplorers'에서 꽉 잡고 있다.

독점은 아닌데, 안젤리나 졸리, 브래드 피트, 웨슬리 스나입스 등
해외 유명 배우들이 다녀간 뒤로 거의 독점이나 다름없다.

굳이 찾지 않아도 월비스 베이로 가는 길에 크게 보인다.
(나미비아에서는 졸지만 않으면 특별히 찾지 않아도 저절로 찾아진다.
사막에서는 특별한 것이 없기에 작은 간판이라도 금방 눈에 띈다.)
그리고 숙소로 픽업 · 드롭해주기 때문에 편리하다.

(namibiadesertexplorers.com)

atlantic Villa
Luxury Accommodation with breathtaking sea views

Home | Activities | Contact Us

DESERT E[X]PLORERS

Click here to see emovie !!!

Online Booking

Experience the sheer thrill of riding a quad bike through Namibia's boundless expanse of shifting sand dunes.

After the engines are revved up and ready to roll, an experienced guide will lead you through the Swakopmund River mouth into the dune belt. Feel the freedom of riding through one of nature's great wildernesses. As the towering dunes approach we weave our way through the smaller ones towards the "Amphitheater".

With "Power-up" we blast our way to the top of the first big dune via the "Roller Coasters" to the top of "Big Billy". We stop for a drink and you get the opportunity to capture the stark and savage beauty of the Namib Desert.

After riding down "Devils Dip" we ride the berms, spirals and slopes as we cruise towards the "Table Top" a great dune that offers a spectacular view of the sea.

Certificate of Excellence
2015 WINNER
tripadvisor
Desert Explorers

HOME | ACTIVITIES | CONTACT US

가격은 쿼드 바이크 NAD 400(약 3만 원) 정도이며, 기본 트레이닝과 헬멧을 제공해주고 약 1시간에 걸쳐서 14㎞를 가이드와 함께 여행한다.
콤보(쿼드+샌드보딩)는 NAD 600(약 4만 5천 원)이며, 쿼드 1시간+샌드보딩 1시간 코스이다.

케이프크로스(Cape Cross)와 스켈레톤코스트(Skeleton Coast)

스바코프문트에서 월비스 베이와 정반대 방향에 있는 케이프 크로스는 당일치기 여행으로 가볍게 갔다 올 수 있다. 월비스 베이, 케이프크로스 양쪽 방향 모두 도로 사정도 양호하다. 케이프크로스는 전 세계의 물개(Seals) 중 1/5이 모이는 지구에서 가장 큰 물개 서식지이다(Cape Cross Seals Reserve). 도착 5분 전부터 쿰쿰한 냄새가 나면 맞게 온 것이다. 약간의 입장료(Permit)를 지불하며, 그리 오래 여행할 수 있는 곳은 아니지만, 10만 마리의 물개들을 보면서 내셔널 지오그래픽 채널, TV 안으로 들어간 것처럼 자신의 눈을 의심할 것이다. 사람들이 걸을 수 있게 트레킹 코스가 마련되어 있지만, 수만 마리의 배설물이 주는 역한 냄새의 감동은 비위가 약한 사람에게는 힘들 수도 있다. 그러나 죽기 전에 꼭 봐야 하는 명소 중 하나임은 분명하다.

케이프크로스에서 더 운전하면, 스켈레톤코스트인데, 고래의 뼈와 난파선 등 말 그대로 '해골 해변'이다. 고래의 거대한 무덤이 근처에 있다고도 알려졌고, 한쪽은 바다, 한쪽은 사막으로 절대적 고독에 사무치는 길이다. 이곳의 난파선을 보고 있으면, 육지에 도착해서 안도할 틈도 없이, 끝없이 이어지는 나미브 사막에서 결국 목숨을 잃었을 안타까움이 더욱 진하게 다가온다. 아름답지만, 치명적인 위험이 있는 곳이다.

하루에 한두 대 또는 그 이하의 차량이 지나가며, 이곳을 여행할 때는 반드시 2팀 이상이 여행하는 것을 권한다. 약 200㎞ 더 가면, 테라스 베이(Terrace Bay)에 마지막 주유소와 숙박시설이 있다. 더 위로 약 100㎞를 가면 모 베이(Mowe Bay)에 캠핑장이 있다. 혼자서 들어가려면, 주유소에 한국의 연락처라도 남기고 들어가자.

나미비아 스바코프문트 숙소 정보

스바코프문트의 숙소는 다양하다. 호텔스닷컴, 구글맵스, 트립어드바이저 등 숙소를 검색할 수 있는 방법은 이미 제시하였으니, 이번에는 **에어비앤비(www.airbnb.com)**를 통해서 현지인의 숙소에서 머무는 방법을 알아보자.

스바코프문트에서 월비스 베이까지 약 48개의 숙소가 검색되었다. 이들 하나하나 씩 자세히 들여다보고 예약을 하면 된다. 가급적 후기가 많은 숙소를 선택하는 것이 현명한 방법이다. 집 전체를 빌릴 수도 있고, 개인실을 빌릴 수도 있다. 궁금한 사항은 미리 호스트(집주인)에게 물어볼 수도 있다. 이 시스템은 현재 해외에서는 대단

히 유명한다. 우리나라에서는 이제 막 시작하는 새로운 형식의 '숙박 공유' 시스템이다. 더 자세한 사항은 웹을 서핑하면서 금방 배우게 될 것이다.

5.5 스피츠코프(Spitzkoppe)

머릿속에 소수스블레이와 데드블레이의 아쉬운 이미지가 멈추지 않는다면, 스피츠코프를 방문함으로써 아쉬움을 달랠 수 있을 것이다. 이곳도 죽기 전에 가봐야 하는 곳 중 **하나**이다.

롤랜드 에머리히(Roland Emmerich) 감독이 만든 엄청난 스케일의 영화 '10,000 BC'의 촬영 장소가 스피츠코프이다. 영화 전체가 이곳을 배경으로 촬영되었다. 나미비아의 마터호른이라고 불리는 주봉의 높이가 700m, 해발 높이 1,700m의 스피츠코프 산은 7억 년 이전에 만들어졌다. 산 주변에는 고대 원시인들의 암각화가 뚜렷하게 그려져 있다. 물론 시간과 장비를 준비하였다면 암벽 등반을 할 수도 있다. 북쪽으로 약 100㎞에 위치한 브란덴부르크 산과 더불어서 지구 깊숙한 용암이 솟아올라서 만들어진 산으로 알려졌다.

스피츠코프에서는 좀 일찍 일어나자. 이곳의 일출도 기막히지만, 동트기 전 가장 어두운 시간에 하늘에 퍼져 있는 우주쇼는 꼭 봐야만 한다. 일반인의 눈으로도 관측되는 수천 개의 별과 은하수는 그 어떤 곳에서도 보기 힘든 장관 중의 장관이다. 스피츠코프 산이나 근처를 트래킹할 때 단 한 가지 주의해야 할 점은 운동화나 등산화를 신고 미끄러지지 않도록 해야 한다. 화강암이 미끄럽지는 않지만, 자신의 몸을 이기지 못하면 슬리퍼가 찢어지면서 큰 부상을 입을 수 있다.

PART 5
여행지&캠핑장

스피츠코프의 동굴(오버랜드 트럭 뒤에 보이는 동굴)에서도 잘 수 있다.

나미비아 스피츠코프의 숙소 정보 　　　 스피츠코프 부족 캠프(Spitzkoppe Community Campsite)가 유일무이한 캠핑장이다. 텐트가 없으면, 3개의 초가지붕 숙소 (화장실과 샤워는 공용시설 이용)에서 머물 수 있다. (www.spitzkoppe.com)

오버랜드 여행자들은 모두 이 캠프 사이트에서 묵게 되고 다른 오버랜드 트럭과 겹치지 않는다면, 7억 년 된 **동굴 속에서 잠**을 잘 수도 있다.

부시 캠프 사이트이므로, 일상적인 화장실과 샤워시설은 없다. 노천 화장실을 공동으로 사용해야 하고, 샤워가 필요하면 리셉션에서 한낮의 뜨거운 태양으로 달구어진 물을 더운물로 사용할 수 있다. 한정된 자원인 물, 그리고 더운물은 더 한정되어 있다. 샤워가 필요한 사람은 미리미리 샤워를 하고, 다음 사람을 위해서 빠르게 그리고 물은 아끼는 샤워가 매너이다. 한 가지 반가운 것은 2016년 9월에 부시 캠프가 로지를 새롭게 오픈할 예정이다.

천체와 별자리에 관심이 있으면 여름에는 오리온(Orion)과 사자(Leo), 겨울에는 남십자성(Southern Cross)과 전갈(Scorpio)을 볼 수 있고, 금성(Venus), 토성(Saturn), 화성(Mars), 목성(Jupiter)은 천체 망원경으로 관측할 수 있다.

에어비앤비로 인해서 여행은 점점 더 편하고 즐겁게 된다. 스피츠코프에 딱 하나의 에어비앤비 숙소가 있다. 이곳도 성수기에는 미리 예약을 해야 한다. (www.airbnb. co.kr/rooms/7650287)

5.6 에토샤 국립공원 (Etosha National Park)

에토샤 국립공원에서는 세계 최대의 국립공원으로 서울 면적의 약 40배가 넘는다. 에토샤에서도 동물들을 보는 게임 드라이브(Game Drive)를 할 수 있다.

특이하게 에토샤 국립공원은 중심부에 거대한 염전인 **에토샤팬(Etosha Pan)** 이 있다.

아프리카에서 일반인이 방문할 수 있는 국립공원은 약 20개 정도 되는데, 그중에서 가장 보존이 잘 되어 있는 곳이
케냐의 암보셀리(Amboseli)
탄자니아의 세렝게티(Serengeti)
남아공의 크루거(Kruger)
오카방고와 초베(Okavango Delta&Chobe)
그리고 마지막으로 **에토샤 국립공원**이다.

'오카방고와 초베'에 가장 많은 동물들이 서식한다. 바다로 흘러가지 못하고, 칼라하리 사막에서 증발해 버리는 세계 유일의 델타(삼각주)이기에 물이 풍부한 까닭이다. 하늘에서 보면 마치 손가락을 펼친 듯 보이는 이 늪지대가 가장 많은 육식동물이 서식하고 있지만, 늪지대인 이유로 육식동물을 비롯한 다른 큰 동물들을 관찰하기 가 **더 어렵다.**

사바나 지역의 **세렝게티와 암보셀리**는 기후와 환경 그 자체가 동식물의 보고이 다. 이와는 다르게 에토샤는 좀 특이하게 석회암질 토양으로 사막처럼 보이지만, 국

물을 차지하기 위해서
다툼을 벌이는 코끼리들

립공원 곳곳에 **워터홀(Waterhole, 물웅덩이)**이 많다. 그런 까닭에 에토샤에서는 사바나 지역이 아니고, 삼각주의 풍부한 수자원이 있지 않음에도 항상 워터홀 부근에서 많은 동물을 관찰할 수 있다.

에토샤 오카우쿠 캠핑장은 아프리카에서 유일하게 바로 건너편에 상당히 큰 규모의 워터홀이 있어서 밤새도록 동물들을 바라볼 수 있도록 배려하고 있다. 오카우쿠 캠핑장에 묵는다면, **재빨리 저녁을 흡입하고,** 좋은 자리를 찾아 앉아서 숨 막히게 아름다운 공연을 감상하자.

나미비아 에토샤 국립공원 숙소 정보 ▨▨ 에토샤 국립공원에는 몇 개의 좋은 캠핑장이 있는데, NWR에서 운영하는 오카우쿠 캠핑&리조트(Okaukuejo Resort) (www.nwr.com.na/index.php/resorts/okaukuejo-resort)가 바로 그 캠핑장이다. 오버랜드 트럭 여행자들은 대부분 이곳에서 묵는다.

할라리(Halali, www.nwr.com.na/index.php/resorts/halali-resort),
토사리(Toshari, www.etoshagateway-toshari.com)

다른 캠핑장과 확연히 다른 점은 바로 워터홀이 캠핑장에 있으므로 저녁 시간 내내 워터홀을 방문하는 다양한 동물들을 관찰할 수 있다는 점이다.

코끼리의 등장에 모두 숨이 멎고, 하이에나의 출연에 심장은 빠르게 뛴다. 이 무료 공연(내가 마치 한 편의 장엄한 드라마나 연극을 본 것과 같다고 표현한 것이지, 실제로 코끼리나 하이에나가 공연하는 것은 아니다. 오해 없기를 바란다)은 아마도 세계에서 가장 아름답고 장엄한 공연이 아닐까 싶다.

6시에 시작되는 공연이지만, 10시까지도 자리를 비우는 사람은 없다. 밤 12시가 되어야 조금씩 자리를 뜬다. 하지만 누군가 장난으로라도 'Oh my god! Lion!'이라고 말하면 좌석은 금방 다시 채워진다.

새벽 2시나 3시가 되어서도 자리를 지키는 사람들이 많다. 서너 시간씩 오줌을 참고 보는 장엄한 이 드라마는 오직 나미비아에서만 볼 수 있다.

렌터카로 텐트 없이 여행을 계획하면, 샬레(로지)는 미리 예약을 하는 것이 좋다. 더블룸(성수기 2인 1실 약 18만 원) 또는 샬레에서 묵을 수 있다.
워터홀 바로 앞에 있는 **2층 샬레에서 <u>피트와 졸리</u> 부부**가 묵었었다.
샬레는 성수기에는 2인 44만 원, 4인 88만 원이고,
비수기에는 2인 기준 25만 원, 4인 50만 원이다.

2층 복층의 큰 샬레이기에 1인이라도 최소 2인 비용을 내야 숙박할 수 있다.

5.7 오카방고, 초베, 빅토리아 폭포(보츠와나, 잠비아, 짐바브웨)

나미비아에서 오카방고와 초베 국립공원으로 가려면 보츠와나 국경을 넘어야 한다. 보츠와나는 대한민국 국민이면 90일간 비자 없이 여행할 수 있다. 오카방고 델타에서는 주로 하마와 악어를 자주 볼 수 있다. 모코로(Mokoro) 카누를 타고 무인도에서 하룻밤을 보낼 수도 있다. 이곳은 야생이기 때문에 어떤 동물이 나타날지 아무도 모른다. 그렇기 때문에 모닥불을 피워두고 밤새 불이 꺼지면 안 되는 특별한 경험을 하게 된다.

초베 국립공원은 빅토리아 폭포의 수자원의 수혜지로써 아무데나 시선을 두어도 동물을 볼 수 있다. 일반적으로 우리가 생각하는 아프리카의 야생이 바로 초베 국립 공원의 잠베지 강(Zambezi River)이다.

오카방고 델타를 여행하는 방법은 모터보트가 아니라 전통 카누인 모코로(Mokoro)이다.

사막, 산, 바다. 이제 남은 것은 폭포이고, 잠비아와 짐바브웨의 국경에 빅토리아 폭 포가 그 위용을 드러낸다.

뭔가 눅눅함을 느낀다면 가까워진 것이다.
도시 전체를 천연 가습기로 눅눅하게 만들어주는 빅토리아 폭포의 물소리가 들리 면 걸어서 10분 거리까지 온 것이다.

이곳에서는 **번지 점프**와 **래프팅**의 액티비티가 있고, 이 방대한 폭포를 보기 위해서 헬리콥터와 경비행기가 적당한 가격에 옵션 투어로 운행하고 있다.

래프팅은 한국에서 하는 래프팅과 많은 차이가 있는 Grade 5이다.
(래프팅은 Grade 1~6까지 있으며, Grade 6은 일반인은 탈 수가 없으며 폭포에서
수직으로 떨어진다.)

즉, 일반인 탈 수 있는 최고 등급의 래프팅이 Grade 5이고 전 세계에 몇 개 되지 않
는다. (한국의 동강은 Grade가 아예 없거나 1 또는 2일 것이다.)

**트립어드바이저 99건의 리뷰, 별 5점인 시어워터(Shearwater) 래프팅
협곡에서의 숙박을 포함한 다양한 프로그램이 있다.**
(www.shearwatervictoriafalls.com)

HIGH WATER RAFTING (Seasonal
Jan-Feb & June-July)
$ 140.00

(plus $10 National Parks fees paid at check-in)
Duration: Approx 7 hours

The high-water run operates as river rises following the early rains
and subsides as the dry season commences. The journey begins
10km downstream of the Falls starting at the Overland Truck-eater
(Rapid 11) through to The End (Rapid 24) and includes the Mother
(Rapid 13) at its brooding best. The river Journey is about 15km.

BOOK ONLINE   EMAIL US   BEST COMBO DEALS

인물을 촬영하면, 이들은 사진이 없는 경우도 많다.
내가 사진을 촬영한 후에, 일일이 확인시켜주고,
한국으로 돌아와서 사진을 인화해서 우편으로 보내주었다.
이것도 공정 여행의 한 방법일 수 있다.

PART 5
여행지&캠핑장

보츠와나, 잠비아, 짐바브웨 숙소 정보 ▨▨▨ 캠핑, 부시 캠핑, 오카방고 델타 속 무인도 등 다양한 숙박시설이 있다. 여행의 종착지면서 새로운 출발이 시작되는 빅토리아 폭포는 2인 1박 기준 120만 원 정도 하는 엘러펀트 캠프(www.wildhorizons.co.za)도 있고, 1인 1박 기준 2만 원인 백팩커 도미토리도 있다.

트립어드바이저, 에어비앤비, 호텔스닷컴에서 자기에 맞는 숙소를 쉽게 찾을 수 있다.

BOTSCAMPS(www.botscamps.com)는 오버랜드가 이용하는 캠핑장으로
폴렌 바오밥(Fallen Baobab),
점보 정션(Jumbo Junction),
카나카라(Kana Kara Camp)의
3가지 캠핑장을 운영한다.

폴렌 바오밥은 사자섬(Lion Island)에서의 부시 캠핑(Bush Camp, 화장실과 세면대가 아예 없는 임시 캠핑의 개념으로, 인간이 남긴 흔적을 모두 되가져가거나, 깊이 묻어야 하지만, 최근에는 오히려 환경보호와 너무 불편하다는 지적으로 많았다. 그래서, 지붕 없는 간이 화장실이 있으면 부시 캠프로 구분하기도 한다)에서의 숙박이다. 침대와 샤워시설, 화장실이 갖추어져 있다.

점보 정션은 북부 오카방고의 가장 때 묻지 않은 밀림 속으로 들어간다.
두툼한 매트리스가 있는 고정 텐트, 간단한 음료를 먹을 수 있고,
지붕이 있는 화장실과 샤워시설이 있다.

오버랜드 트럭투어 노마드가 이용하는 보츠 캠프의 점보 정션

칼라하리 사막에 사는 산족(Sans)과 부시맨(Bushman)들을 만나는 가이드 트래킹을 할 수 있는 캠핑장이다. 부시맨은 칼라하리 사막의 혹독한 자연환경에 적합하게 체구가 매우 작으나, 사냥에 매우 뛰어나다.

간지 캠핑장(ghanzitrailblazers.co.bw)
캠핑 1~2만 원, 오두막 3~4만 원, 샬레 8~9만 원(1인 1박 기준)

여행지&캠핑장

5.8 하쿠나 마타타!

지구상에서 가장 아름답고 장엄한 나미비아의 여행은
그 어느 여행과도 비교할 수 없을 만큼 특별하다.

믿을 수 없는 다양한 색깔의 사막, 마치 다른 행성에 와 있는 듯한 착각이 드는 소수스블레이, 7억 년 전의 화강암 바위에 누워서 바라보는 별자리는 기억이 아니라, 각인될 것이다.

떠나기 전에 두려운 것은 좋은 것이다. 나는 두렵지 않으면 떠나지 않는다.

영화 '인터스텔라'의 명대사 'We will find a way. We always have.'

그렇다. 여행을 시작하고 나면

'우리는 방법을 찾을 것이다. 항상 그래 왔듯이…'

여행에 대한 걱정은 하지 말자. 잘될 것이다. 항상 그래 왔듯이!

하쿠나 마타타!

197 × × ×

PART 5
여행지&캠핑장

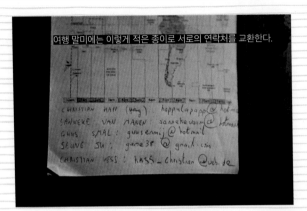

여행 말미에는 이렇게 적은 종이로 서로의 연락처를 교환한다.

에필로그

우리는 아프리카에 대해서 잘 모르고 있는 것이 분명하다.
정확하게 어떤 위험인지 모르지만, 아프리카는 위험하고,
분쟁과 기아에 허덕이며, 밀림에 가기만 하면
사자가 사냥하는 것을 볼 수 있다고 생각한다.

우리가 이런 생각을 갖게 된 이유는
TV와 영화와 같은 미디어의 영향이 클 것이다.
미디어는 주로 사건과 사고를 다루다 보니, 분쟁과 전쟁이 자주 일어났던
아프리카를 접한 이미지가 모두 부정적인 것이었다.
(동독이 서독과 통일되면서 냉전의 시대가 끝나고,
많은 무기상들이 눈을 돌린 곳이 바로 아프리카였다.)

그리고
내셔널 지오그래픽과 디스커버리는 아프리카의 초원과 밀림, 사막에서
몇 년에 걸쳐서 촬영하고는 단 **한 시간 분량**으로
최고의 장면을 모아서 보여주었기에,
아프리카는 항상 사자와 치타, 표범이 돌아다니는
자연 그대로의 동물원이라고 생각했을 것이다.

그래서 딱히 사자가 사냥하는 것을 보고 싶은 것이 아니라면,
아프리카 여행을 꿈꾸지 않았다.

201 × × ×

PART 5
여행지&캠핑장

하지만 아프리카는 유럽과 미국의 대학생들에게는 최고로 인기가 많은 여행지이다.

텐트에서 자고 먹으면서 사막을 횡단하고,
번지 점프, 쿼드 바이크, 래프팅, 스카이다이빙, 샌드보딩 등
모든 익스트림 액티비티가 저렴한 가격에 준비되어 있기 때문이다.

물론 아프리카에 분쟁 지역이 없는 것은 아니다.
하지만 걱정할 필요가 없다. 분쟁 지역이나 국가로 입국하는 자체가 불가능하다.

설령 입국했다고 하더라도 잠잘 곳을 찾을 수가 없다.
분쟁 지역이 싸고 저렴할 것이라는 생각은 경제관념이 없기 때문이다.

남수단이나 르완다 지역의 게스트하우스는 하룻밤에 수십만 원이고,
분쟁 지역의 가이드는 일당 백만 원이 넘는다.

전 세계의 기자들이 몰려들어서 안전한 숙박이 부족하며,
무심한 카메라 셔터 소리에 총을 맞을 수 있기 때문에
가이드는 강심장과 뛰어난 언변의 소유자이기에 비싸다.

따라서 여행객은 이러한 분쟁 지역을 걱정할 이유가 없다.
그런 곳은 아예 입국조차 되지 않는다.

사자를 보기는 하늘의 별 따기만큼 어려우니. 사자에게 물릴 가능성은 로또에 당첨
될 확률보다 낮을 것이다. 그렇다고, 마냥 안전하고 지루한 곳은 아니다.

아프리카는 **신의 땅**이다.

교만과 방심은 바로 사고로 연결되기도 한다.
나와 함께 오버랜드를 여행하였던 미국인 래프팅 강사 '제니'는
빅토리아 폭포 래프팅에서 사고가 나서 혼수상태에 빠졌고,
다음 날 미국 대사관 직원들이 데리고 갔다.

나는 20년 넘게 전 세계의 모든 국가에서 무사고 드라이버였는데,
나미비아의 모래사막에서 차량이 세 바퀴 정도 굴렀다.

독일인 대학생 두 명은 비행기 연착 때문에
오버랜드에 합류하기 위해서 새벽에 달리다가
피시 리버 캐니언 근처에서 추락했다는 이야기를 들었다.

그런데 일련의 사건 사고를 가만히 보면,
아주 조금의 자신감으로 인해서
정해진 길을 벗어날 때 어김없이 다가온 것이다.

사자에게 물리고 싶은 행운(?)을 얻으려면 쉬운 방법이 있다.
자고 있는 사자에게 최대한 가깝게 차를 붙이고,
더 가깝게 다가가서 창문을 열고
카메라 셔터 소리로 사자에게 스트레스를 주면 물릴 것이다.

오카방고 델타의 하마 서식지에서는 극도로 조용해야 한다.
당연히 남의 집을 통과할 때는 얌전해야 한다.
그런데 모코로 카누 속으로 개구리나 작은 벌레가 들어와서
그것에 놀라 소리를 지르고 몸부림치다가
카누가 뒤집혀서 물에 빠지면 다시 돌아오지 못할 것이다.

아프리카의 여행 루트는 모두 정해져 있다.
신(God)의 땅이기에, 그 루트를 크게 벗어나면
한 번도 겪어보지 못한 상황이 올 수 있다.

하지만 그 루트를 존중하고 겸손하게 여행한다면.

이보다 아름답고 안전한 여행은 없을 것이다.

내가 가봤던 나라와 지역 중에서 가장 아름다웠고,
친절한 사람들과 가식 없는 미소에 여행 내내 즐거웠다.

그렇다. 이미 여행 루트는 정해져 있다.
인천공항을 떠나서 비행기로 도착하면,
오버랜드 트럭이나 렌터카로
나미브 사막, 소수스블레이, 스바코프문트, 에토샤 국립공원을 갈 것이고,
다시 인천공항으로 비행기를 타고 돌아올 것이다.

나미비아의 여행 루트에서 $\sqrt{나}$ (루트 나)를 발견하기를 바란다.

책 기획 단계부터 계속 믿고 격려해준 아내 김경화.
글을 쓰느라 잘 놀아주지 않아서인지
자면서도 계속 나를 더듬고 확인하는 우현이.

사랑하는 아내 경화와
아들 우현이에게
이 책을 가장 먼저 보여주고 싶다.

이 책에서 소개된 링크는
cafe.naver.com/ctov에 모두 정리해 두었습니다.